W0395498

Les voitures des années 1960

Tous droits de traduction, d'adaptation
et de reproduction réservés pour tous pays.

© Éditions Michel Lafon, 2013
7-13, boulevard Paul-Émile Victor – Île de la Jatte
92521 Neuilly-sur-Seine Cedex

www.michel-lafon.com

Jean-Pierre Foucault

Les voitures des années 1960

Michel Lafon

Les bonnes ondes de l'automobile

La 2 CV de mon enfance et de mon adolescence ne sont pas loin, mais de nouvelles perspectives s'ouvrent à moi dans ces années 1960 pleines de promesses. À 18 ans, je vais débuter dans la vie professionnelle, et j'ai déjà en tête mon premier investissement. Celui d'une voiture, pardi ! Comme pour de nombreux Français de l'époque, acquérir une automobile était un temps fort de notre vie. On l'attendait, on s'y préparait, on informait notre entourage d'une grande nouvelle à venir. Un tel attrait s'expliquait par cet élan de mobilité, et donc de liberté, qui s'ouvrait à nous. Les quatre-roues avaient rétréci la surface de la Terre pour en faire un terrain de jeux et de découvertes. On prenait la route, et le rêve pouvait commencer !

Mes débuts professionnels vont prendre forme à travers un concours d'animation remporté conjointement avec mon ami Patrick Topaloff. C'est ainsi que nous nous sommes retrouvés l'un et l'autre à Radio-Monte-Carlo, avant d'être remerciés six mois plus tard, pour finalement monter à la capitale et intégrer les rangs d'une jeune radio, Europe 1. Nous avions, Patrick et moi, été recrutés à l'époque sur notre bonne bouille par Lucien Morisse, directeur de la station et ancien mari de Dalida. Nous sommes alors au tout début de l'année 1967, et il ne manque à mon bonheur qu'une seule chose, une automobile. Pas n'importe laquelle, puisqu'il va s'agir de « ma » voiture, ma « bagnole ». Après avoir écumé les routes du sud et de la France avec la 2 CV maternelle, faisant tour à tour office de moyen de locomotion, de restaurant et d'hôtel, il était temps pour moi de franchir ce Rubicon social qu'était l'acquisition de cette machine à rêves symbolisée par l'automobile dans les années 1960.

Ma première merveille fut une Renault 8 Major de couleur bordeaux achetée à crédit, certainement à un taux digne d'un usurier. Cette voiture, acquise grâce à une caution de ma maman, fut une incroyable source de fierté, mais aussi d'angoisse. Pour le jeune professionnel que j'étais, la charge financière d'une telle acquisition n'était pas anodine, surtout que, à l'époque, mon mode de rémunération avait tout de la précarité. J'étais en effet payé à l'heure pour animer les émissions de la station et, à la fin de chaque fin de semaine, je m'empressais d'aller scruter le tableau de service, et pour cause. Il y était inscrit le programme des huit jours à venir, synonyme, ou non, de rentrée d'argent !

Cette fameuse R8 allait connaître une fin brutale, écrasée une nuit par un camion alors qu'elle était stationnée dans Paris. J'ai gardé par la suite une grande fidélité à la marque Renault, facilitée, il est vrai, par des liens d'amitié avec Bob et Milo, vendeurs dans une concession du constructeur au losange située dans le Sud. Ceux-ci me consentaient à l'époque des conditions très attractives, mais, si je garde en mémoire ma chère Renault 16 TS, acquise peu après ma R8, deux voitures ont particulièrement marqué mon esprit au cours des années 1960.

En premier lieu, la DS, ou ID. Elle était certes née au milieu des années 1950, mais elle restait une machine tout à fait extraordinaire, très en avance sur son temps par sa ligne, sa technologie et la qualité de ses prestations. Le père d'un de mes amis d'enfance, Claude, en possédait une, et il nous permettait de l'utiliser le week-end, poussant même la gentillesse jusqu'à nous faire au préalable le plein d'essence. J'ai en mémoire cette sensation de tapis volant, le « pffuit » très particulier du changement de vitesse semi-automatique au-dessus du volant, ainsi que la commande de frein, ultra-sensible et à manier délicatement, sous peine d'être projeté contre le tableau de bord… Nous étions très

Avec Évelyne, à bord
de mon intemporelle Morgan.

fiers de nous déplacer dans une voiture si singulière, d'autant plus qu'elle était également très efficace dans nos tentatives de « recrutement féminin » !

Plus tard, mon métier d'animateur m'a fait côtoyer des vedettes de la chanson. Un engin entre tous leur était sans conteste destiné : la Ford Mustang, avec son look agressif et sa puissante mécanique à l'appétit sans limites. Modèle populaire, comme la 2 CV, voiture de notable, telle la DS, ou machine des stars, comme la Mustang, l'automobile des années 1960 était un indicateur très sûr du rang social de son propriétaire.

Sur un plan professionnel, les quatre-roues furent parmi mes plus fidèles partenaires. À la fin des années 1960, le fin du fin pour un animateur radio était d'avoir une voiture siglée aux couleurs de sa station et de son émission. Je fus donc le plus heureux des hommes le jour où ce rêve devint réalité. Les beaux jours arrivés, je pouvais ainsi sillonner les routes de l'Hexagone au volant de ces voitures de radio. Ces automobiles – françaises, bien entendu, et toujours dernier cri – étaient de véritables ministudios roulants, dans lesquels il fallait calculer l'angle de son coude sur la portière pour faire rentrer de l'air dans sa manche afin d'éviter que la chemise ne colle au Skaï des sièges ! Ces longs trajets en voiture, loin d'être des corvées, étaient un vrai bonheur. Hormis quelques points critiques au passage des villes, la route était plutôt fluide, et on roulait sans arrière-pensée à la découverte des gens et du monde. Dans les années 1940, on quittait rarement sa ville et sa région pour aller se promener. Vingt ans plus tard, avec l'avènement d'une voiture de plus en plus accessible financièrement, c'est une frénésie de voyages, de rencontres et de découvertes qui s'offraient à nous. Plein emploi, absence de crise économique et, surtout, un pays en paix : après la guerre d'Algérie, et pour la première fois depuis plusieurs décennies, la population en général et la jeunesse en particulier n'entendaient plus parler de combat et de mobilisation. Il nous fallait juste profiter de la vie et consommer du plaisir, situation dans laquelle l'automobile, avec son inestimable image d'outil de liberté, avait bien sûr un immense rôle à jouer.

Dans ce contexte, prendre la route avait un relief tout particulier. Pour mémoire, le plein d'essence d'une 2 CV coûtait 10 francs. Il était donc fréquent que, sur un coup de tête, nous allions, depuis Paris, prendre un petit déjeuner à Deauville ou, depuis Monte-Carlo, passer une soirée à Milan, y manger un plat de pâtes, dormir dans un petit hôtel et revenir tôt le lendemain matin pour reprendre l'antenne. Comment oublier ces moments où le folklore de la route et ce sentiment d'indépendance totale étaient en phase avec nos aspirations de l'époque, au cœur d'une décennie qu'on peut sans risque qualifier d'âge d'or de l'automobile ?

Jean-Pierre Foucault

PEUGEOT
411 JX 75

Sommaire

Une certaine euphorie

Les années 1960 seront celles de l'automobile ou ne seront pas ! La génération des baby-boomers impose ses idées et ses envies. L'automobile en fait partie et devient l'objet de tous les désirs pour une décennie de créativité loin de toute contrainte. Quatre roues et un volant, le voyage vers le futur peut commencer !

Dans les années 1960, l'automobile devient la partenaire idéale au sein d'une société enfin apaisée.

Un parfum de liberté

Les convulsions de notre monde se sont éloignées. La France est jeune et pleine d'envies à l'heure d'aborder les années 1960. Une ère de profonds changements se profile, dont l'automobile ne sera pas le moindre instrument. À nous la route, à nous la liberté.

La Ve République est née, et le nouveau franc salue l'entrée dans une nouvelle décennie, celle des années 1960. Épuisées, chancelantes et exsangues au lendemain de la Seconde Guerre mondiale, les puissances occidentales ont consacré depuis 1945 toutes leurs forces et leurs maigres ressources à la reconstruction de leurs nations et de leurs économies dans un formidable projet de prospérité, mais aussi de paix.
Après le chaos total de 1939-1945, suivi par les guerres d'Indochine puis d'Algérie – cette dernière s'étant conclue en 1962 par l'indépendance algérienne –, la population française peut à présent goûter aux délices d'une ère pacifique, une grande première que n'ont pas connue ses aînées. Pour les personnes nées à partir des années 1940 – ces jeunes que l'on appellera « la génération du baby-boom » au vu de la hausse importante de la natalité qui a suivi le second conflit planétaire –, de nouvelles perspectives s'ouvrent.
Outre un monde en paix, malgré quelques tensions internationales – notamment la guerre froide entre le bloc communiste et les puissances libérales occidentales –, l'économie européenne en général, et celle de la France en particulier, jouissent d'une embellie certaine. Lancé en 1948, le plan Marshall, visant à relancer et à moderniser les appareils productifs européens, a porté ses fruits. Le redressement espéré des pays du Vieux Continent est au rendez-vous. Nous sommes désormais au cœur de l'époque des Trente Glorieuses, entamée en 1945. Dopée par une forte croissance et la modernisation de son industrie, l'économie occidentale évolue dans une certaine euphorie. Le plein-emploi est de rigueur, tandis que le pouvoir d'achat est en hausse constante.

Une Floride pour « BB »

En 1960, dans une France dont 30 % de la population a moins de 15 ans et dont l'espérance de vie a bondi en deux décennies de 54 à 67 ans pour les hommes et de 57 à 74 ans pour les femmes, c'est l'heure de tous les commencements. La jeunesse aspire à de nouvelles valeurs et veut s'affranchir d'un certain carcan imposé par les générations précédentes. Dans ce foisonnement des idées, une femme va incarner l'insouciance et cette nouvelle joie de vivre pleinement.
Repérée à 16 ans à peine par le magazine *Elle,* dont elle fera la couverture, Brigitte Bardot conquiert rapidement la planète cinéma par son charme et son physique de rêve. L'explosion médiatique a lieu en 1956 avec le film *Et Dieu créa la femme,* réalisé par son mari Roger Vadim. Femme libre aux réparties célèbres, image même de la sensualité et de l'émancipation féminine, « BB » devient l'idole de toute une génération, en même temps qu'un sex-symbol international. Même le général de Gaulle

C'est une période de paix qu'appelle de ses vœux la jeunesse, manifestant ici en 1961 pour l'arrêt des combats en Algérie.

Quelle plus belle ambassadrice que Brigitte Bardot pour vanter les charmes de la Renault Floride ?

sera sensible à ses charmes et lui demandera de prêter ses traits à Marianne, symbole de la France : à la fin des années 1960, le buste de Brigitte Bardot ornera ainsi fièrement les mairies de l'Hexagone, pour le plus grand plaisir des administrés. Mais, bien avant le père de la Ve République, une autre institution d'État avait déjà tenu à associer son image à l'égérie française.

La sérieuse Régie Renault, dirigée par Pierre Dreyfus, a en effet convaincu « BB » d'être la marraine d'une de ses nouvelles voitures. Après la 4 CV et la Dauphine, le constructeur, s'inspirant de ce qui se pratique en Amérique, décide d'investir dans une voiture « d'image ». Il s'agit de la Renault Floride, bâtie sur une base de Dauphine. Ce cabriolet aux lignes tendues affichant les nouvelles tendances stylistiques des années 1960 évoque avec son élégant dessin une certaine féminité automobile. Car, à l'issue de sa reconversion réussie dans les voitures populaires, la marque au losange cherche désormais à s'offrir une nouvelle clientèle : après les familles et les artisans, il s'agit de séduire les jeunes et les femmes, ces dernières acquérant peu à peu, au fil des années 1960, leur légitimité au volant d'une automobile, qui restait jusqu'alors presque exclusivement réservé aux hommes.

C'est à l'issue d'un voyage d'étude aux États-Unis que seront conçues les versions coupé et cabriolet de la très élégante Floride.

Dessinée par le designer transalpin Frua, en collaboration avec Ghia, l'élégante Renault Floride reprend de nombreux éléments de la Dauphine.

Pour célébrer cette union de l'icône française et du bien sympathique cabriolet de Renault, le cadre choisi est Saint-Tropez, paisible petit village de la Côte d'Azur que la présence de « BB » transformera durablement en carrefour incontournable des stars du monde entier. Une série de photos réalisées dans ce lieu de villégiature paradisiaque illustre magnifiquement les aspirations nouvelles de toute une génération.

Des tubes et des sensations

Cette génération trouvera à s'exprimer à travers une nouvelle race d'engins arrivés en droite ligne des États-Unis. Le go-kart, simplissime véhicule fait de bouts de tubes et propulsé par un moteur de tondeuse à gazon, a rapidement pris un essor certain outre-Atlantique. Les premières machines ont débarqué en Angleterre sur des bases militaires américaines installées sur place. Cette activité, aussi ludique que moderne, va rapidement interpeller le magazine *Spirou,* porte-étendard d'une forme de lecture et de culture plébiscitée par la jeunesse de l'époque, la bande dessinée. La parution d'un article sur ce nouveau sport qu'est le karting fait réagir les lecteurs qui, par leur abondant courrier, demandent à en savoir plus sur cet énigmatique engin. Sentant le moment propice pour faire découvrir le karting en France, l'importateur européen des mécaniques McCulloch, bien connues dans le domaine des tondeuses et autres engins domestiques, va présenter deux karts complets au public du Salon nautique qui se tient à Paris. Nous sommes à la fin de l'année 1959 et, séduit par ce nouveau concept de sport mécanique simple et peu coûteux – un kart ne s'annonçant guère plus cher qu'une bicyclette –, le magazine *L'Auto-Journal* en devient la tribune

Avec la Floride, Renault s'adresse aux femmes, de plus en plus nombreuses au volant. Bien des constructeurs vont vite suivre le mouvement.

de promotion. Le premier article paru sur le sujet génère en effet, comme pour *Spirou,* une montagne de courriers. Enquêtes, conseils, essais et opérations de présentation de matériels, le journal s'engouffre à fond dans la brèche, tandis que Jean-Marie Balestre crée en 1961 le Groupement national de karting. Des dizaines de milliers de jeunes et de moins jeunes se lancent dans la course, tandis que les compétitions fleurissent un peu partout sur de vrais circuits ou les places des villages. Les vedettes de la chanson et du cinéma s'essaient elles aussi à ce nouveau sport, dont les sensations procurées à 2 centimètres du sol équivalent, dit-on, à celles que l'on ressent au volant des pur-sang automobiles de l'époque. Un plaisir et des émotions en conformité avec celles recherchées par toute une génération qui, si elle n'est pas encore à proprement parler une société de loisirs, aspire à profiter des bons moments de la vie, à l'inverse de ses aînées.

La route est à nous

L'automobile va également ouvrir de nouveaux horizons. En ces temps de paix revenue, le monde reste à conquérir, mais, cette fois, de manière pacifique. Charles de Cortanze et André Mercier, au volant d'une Peugeot 203, puis le futur pilote Jean Vinatier, en 2 CV, ont parcouru les routes et les chemins africains dans les années 1950,

La princesse Caroline et le prince Albert de Monaco (ci-contre) ou Serge Gainsbourg (ci-dessous) découvrent les joies du karting à la Siesta d'Antibes dans les années 1960.

Mireille Darc s'apprête
à défier les lois
de la force centrifuge.

Octobre 1958 : Jacques Séguéla et Jean-Claude Baudot ne sont encore que des inconnus à l'heure de s'élancer pour leur tour du monde en 2 CV.

mais c'est désormais la planète entière que Jacques Séguéla et Jean-Claude Baudot veulent explorer au volant de cette inspiratrice des voyages au long cours qu'est, décidément, la 2CV. « Vous qui partez, ne croyez pas que chaque jour est beau et doux autour du monde. Nous arrivons, nous avons vu et, parfois, nous avons souffert. Le monde, même civilisé, n'est pas sans embûches ! Vous qui partirez, vous aurez, comme nous, à vaincre la solitude, le sort, la peur. » Le ton est donné pour ces 80 000 kilomètres de route – plus 20 000 kilomètres de mers à franchir – à travers cinquante pays et cinq continents. Il faudra aux deux hommes treize mois pour achever leur parcours infernal au volant de leur « deuche » spécialement préparée pour l'occasion, chargée de 40 kilos de pièces détachées et d'une machine à écrire servant à relater quotidiennement le périple de ces aventuriers d'un nouveau genre. Ils subiront d'inévitables casses mécaniques réparées avec des moyens de fortune, sous la

Voiture des villes et des champs, la Citroën 2 CV s'adapte à tous les terrains. Omniprésente en France, elle sait se rendre utile de bien des façons.

forme, par exemple, de bananes entassées dans un carter de boîte percé, ou bien encore d'un improbable mélange de savon et de chewing-gum destiné à colmater un carter d'huile moteur éventré… À la recherche du grand frisson, le futur publicitaire Jacques Séguéla et son compère devront affronter des pillards dans la jungle birmane et vivre mille histoires alternant entre tragique et folklore.

Ce voyage initiatique est à l'image de cette soif de connaissance et de nouvelles expériences dont se repaîtront vingt années durant deux Allemands, Manfred Müller et Paul-Ernst Lührs. Partis en 1964 avec 160 Deutsche Mark en poche, au volant, là encore, de l'incontournable compagnon d'aventures qu'est la 2 CV, les deux hommes traverseront quatre-vingt-trois pays et parcourront 350 000 kilomètres. Leur envie irrépressible est née après la lecture de *La Terre en rond,* ouvrage publié par leurs prédécesseurs sur les routes du globe, Séguéla et Baudot. Chantant et jouant de la guitare pour subsister et financer leur avancée autour de la planète, Müller et Lührs entreront par la longueur et la durée de leur parcours dans *Le Livre des records !*

« Elle avait commencé à incarner ce sentiment après guerre mais, plus que jamais, l'automobile est synonyme de liberté dans les années 1960. Acquérir une voiture était un enjeu majeur pour une famille. À l'époque, l'auto est aussi un facteur de rassemblement. Tout le monde l'évoque et en rêve. Elle devient le lien entre la ville et la campagne, elle rapproche les familles distantes géographiquement. Je me souviens avoir traversé la France avec mon ami Patrick Topaloff pour aller, depuis Marseille, au mariage d'une de mes tantes, dans le Jura. Elle venait, à plus de 70 ans, de rencontrer son premier amour. Ça ne pouvait pas se rater ! »

Économique et ludique, la 2 CV fut bien souvent la première automobile des jeunes conducteurs dans les années 1960.

Une décennie de révolutions

L'apaisement d'une grande partie du monde va favoriser l'éclosion de mille et une idées nouvelles. Débridé par ces temps nouveaux, le génie humain va permettre des avancées techniques encore insoupçonnées quelques années plus tôt. De découvertes en révoltes, les années 1960 s'annoncent d'une richesse inouïe.

Le 25 mars 1957, six pays européens scellent leur union dans les domaines économique, politique et social, visant, à terme, à bâtir un vaste marché commun. Par cet acte fondateur, initié dès 1951, la France, l'Allemagne, l'Italie, la Belgique, le Luxembourg et les Pays-Bas mettent fin à des décennies de terribles tensions, tant politiques qu'économiques. En paraphant le traité de Rome, elles posent les bases d'une Europe ouverte au libre échange. Ce contexte permet un développement qui sera à l'origine de profondes évolutions au cours des années 1960.

Pour nous, Français, la première grande révolution de cette décennie est sans conteste le nouveau franc. Mis en place à partir du 1er janvier 1960, il a pour objectif, après plusieurs dévaluations de la précédente monnaie, de se mettre à parité avec les puissances fiduciaires allemande et suisse. Mais ce franc lourd, comme on l'appelle aussi, a encore du pain sur la planche face aux deux monnaies voisines, qui vont bientôt reprendre leurs distances en termes de valeur. La nouvelle monnaie va en outre poser quelques tracas aux commerçants comme aux clients. Lorsque l'on a des années de réflexes de consommation derrière soi, impossible de passer en un clin d'œil de l'ancienne monnaie à la nouvelle sans se livrer à un petit calcul mental pour comparer. Un nouveau franc équivaut à cent anciens francs… Une gymnastique intellectuelle s'installe, et elle durera, pour les plus anciens, jusqu'en 2002, avec l'introduction de l'euro qui, pour le coup, mettra tout le monde d'accord ! Au début des années 1960, en tout cas, les prix, affichant deux zéros de moins, semblent presque abordables, et ce vecteur de rêve qu'est l'automobile s'offre à des bourses de plus en plus modestes. Ainsi, en 1961, si le prix d'une Jaguar Type E s'élève à 40 700 francs, une Dauphine de base est vendue 5 800 francs.

Dans ce garage de Chaville, en 1960, l'heure est déjà aux promotions, tandis que s'affiche timidement, en petits caractères, le tarif en nouveaux francs.

Fantastiques plastiques

Dans cette France décomplexée sur les plans politique et économique sont lancés de vastes chantiers, qui participeront à la grandeur de la nation. Ce sera, par exemple, la construction de la plus grande usine marée motrice du monde, avec le barrage de la Rance, en Bretagne, entre Saint-Malo et Dinard. Outre la création d'un axe routier d'importance au niveau de la Côte d'Émeraude, les gigantesques turbines, animées par le flux et le reflux des marées, participeront grandement à la production électrique dans la région bretonne, lui permettant une certaine indépendance dans ce domaine. Plus spectaculaires encore pour l'image de la nation française seront la réalisation, puis la mise à l'eau en grande pompe à Saint-Nazaire, en présence du général de Gaulle et de son épouse, du paquebot *France*. Fierté des chantiers navals de la ville, ce grand navire renoue avec le prestige des gigantesques vaisseaux pour des croisières transatlantiques de rêve entre Le Havre, Southampton et New York. Nous sommes le 11 mai 1960, et cet élan technologique représente les prémisses d'une décennie riche en véritables révolutions techniques.

Grâce au développement des matières plastiques et synthétiques, la 2 CV des années 1960 s'offre un intérieur plus cossu par rapport à ses aînées.

Déjà dépendantes, à leur grand effroi, de l'énergie pétrolifère depuis la crise du blocus du canal de Suez, les nations développées profitent à présent de nouveaux matériaux, dont la majorité sont issues de la pétrochimie. Les matières plastiques, dont l'éthylène est un composant essentiel, envahissent nos univers avec l'ensemble de leurs dérivés que sont les résines, détergents, adhésifs solvants et autres Nylon, mais aussi les dérivés cosmétiques, les médicaments ou les engrais.

L'automobile n'échappe pas à cette tendance. Après le caoutchouc des pneumatiques, la Bakélite, résine synthétique très dure, trouve de nombreux débouchés, cette matière se retrouvant par exemple sur le volant, le pommeau du levier de vitesses, les boutons de chauffage et d'autres commandes accessoires. Longtemps fidèle à l'acier, l'industrie automobile entrevoit tout le potentiel des fibres plastiques, qui commencent à garnir les habitacles des voitures au niveau du tableau de bord, des panneaux de portes et des sièges. Impossible, en effet, d'oublier ces surfaces glissantes à souhait tendues de Skaï, cet enduit en PVC recouvrant le plus souvent du tissu jersey. Flatteur au regard, car proche de l'aspect du cuir, le Skaï avait également l'« avantage » de transmettre parfaitement la chaleur du soleil à la peau de ses utilisateurs !

Ce monde du plastique n'est évidemment pas sans ouvrir de nouvelles perspectives à une économie en pleine expansion, celle du jouet ! Il permet la création d'une nouvelle génération d'objets pour enfants, à la fois résistants et produits à moindres frais que ses ancêtres en bois, en plomb ou en acier. Les poupées de cire ou de chiffons laissent place à une Barbie au corps adulte, et les Lego forment une génération de futurs architectes. Dans cet univers de la consommation à grande échelle, l'enfant, devenu une cible pour les publicitaires et les services de marketing, est incité à imiter ses parents. Pour les petits garçons, le succès des voitures miniatures ne se dément pas : dès 1933, la firme Meccano, avec ses séries de Dinky Toys, a commencé à les vulgariser. D'abord fabriquées en plomb, elles sont désormais

Le joli coupé Karmann-Ghia, de chez Volkswagen, utilise de nouveaux matériaux, comme le skaï, pour ses sièges et ses panneaux de porte.

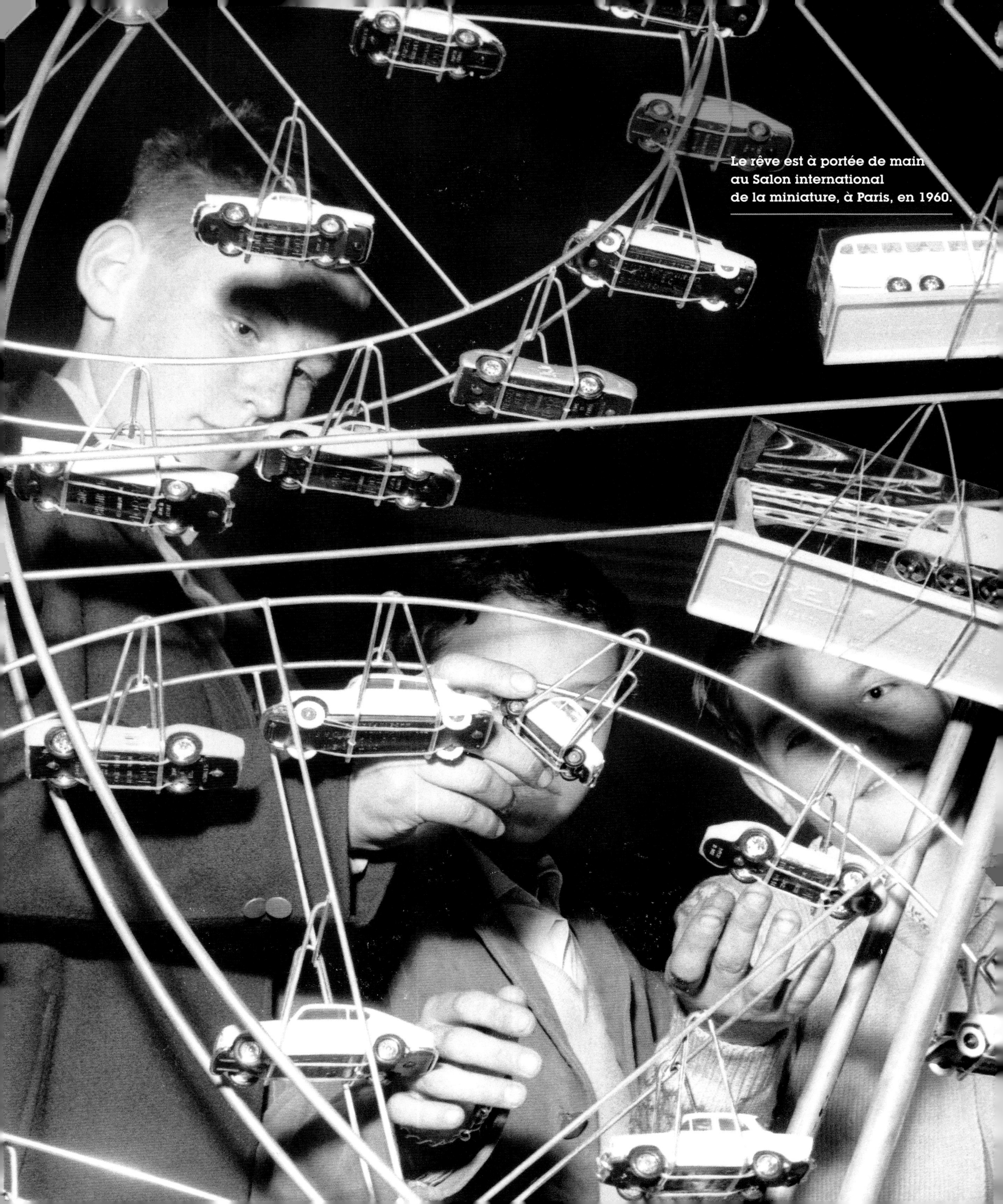

Le rêve est à portée de main au Salon international de la miniature, à Paris, en 1960.

Le Père Noël a apporté une panoplie très complète à ces enfants, qui profitent de leur magnifique circuit de voitures électrique.

réalisées dans un alliage à base de zinc, le zamac. Le format au 1/43, qui imite à la perfection les modèles à l'échelle 1, fait un tabac, au point que la Régie Renault signe un partenariat avec Meccano pour produire une série de ses modèles. Le plastique conquiert bientôt cette industrie de l'imaginaire des jeunes amateurs d'automobiles, que ce soit chez Dinky Toys ou au sein de ses concurrents, Norev, Solido ou Corgi Toys.
Mais, plus fort encore que les voitures inanimées, l'avènement du plastique et la maîtrise de l'énergie électrique sous forme de réducteur de tension ou de piles vont inventer le circuit électrique. Cramponnés à leur manette, petits et grands peuvent rivaliser d'adresse pour négocier les virages et les chicanes dans l'odeur du plastique surchauffé ! La marque Jouef fait ainsi fureur en proposant une large gamme de véhicules de série ou de compétition à décorer avec de la peinture ou des décalcomanies, tandis que les apprentis pilotes disposent avec soin sous le châssis les tresses ou les patins assurant la liaison électrique entre la voiture et la piste.

L'ère des superhéros

Si on ne parle pas encore de société des loisirs dans cette décennie qui verra les semaines de congés payés passer de trois à quatre en 1969, les Français prennent de plus en plus l'habitude de se lancer dans de grandes transhumances vers les stations de ski ou les rivages ensoleillés. Les monospaces n'existent pas encore, mais il faut pourtant « caser » toute la famille, qui compte parfois trois générations. Il n'est alors pas rare de croiser de brillants équipages dont la voiture, enfoncée sur ses suspensions, emmène à son bord six personnes grâce aux larges banquettes avant et arrière, tandis qu'un hamac de fortune tendu au niveau du pavillon intérieur abrite un nourrisson !
Mais, plus encore que les voyages qu'auront initiés les congés payés, l'Europe occidentale adopte dans ces années 1960 de nouvelles références culturelles par la télévision et la bande dessinée.
Divertissement, dans un premier temps, puis organe d'information au sens large, le petit écran connaît un essor fulgurant, passant de confidentiel en 1960 pour équiper un foyer sur deux dix ans plus tard. Cet incroyable moyen de diffusion s'adresse rapidement à tous les publics. Actualités, documentaires thématiques, jeux et émissions de variété sont à l'antenne, ainsi que des programmes pour les plus jeunes. Le théâtre et le cinéma ne sont pas oubliés, mais les spectateurs découvrent la magie des feuilletons et des séries télévisées. Tout comme le cinéma, ces opus font largement appel aux voitures dans leurs intrigues, allant même jusqu'à façonner l'image d'un modèle, comme ce fut le cas pour la Volvo P1800 de Roger Moore

Comme papa, il ne faut pas hésiter à jouer des outils sur sa voiture à pédales !

Nous sommes en 1964, et, après les joies du ski, il faut affronter la route du retour !

dans *Le Saint* ou pour la Ferrari Dino 246 GT de Tony Curtis dans *Amicalement vôtre*.

La bande dessinée rentre elle aussi peu à peu dans les mœurs, avec un spectaculaire vivier de talents venus de France et de Belgique, pays où elle a trouvé un dynamique terrain d'expression. On pense bien sûr à Hergé avec *Tintin*, mais aussi à Franquin avec *Spirou* et *Gaston Lagaffe*, à Morris avec *Lucky Luke*, ou encore à Uderzo et Goscinny avec *Astérix et Obélix*.

S'il est parti chercher fortune outre-Quiévrain, Jean Graton est pourtant parfaitement Français, Nantais, plus précisément. Passionné par les deux-roues et les quatre-roues, le jeune scénariste et dessinateur donne vie à un héros qui va inoculer le virus du sport automobile à une pléiade de jeunes découvrant avec passion l'émotion de la course aux côtés du célébrissime Michel Vaillant ! Pilote multiple champion du monde, Michel, avec son ami Steve Warson, va défendre les couleurs d'une marque très française, Vaillante, qui s'imposera sur tous les circuits de la planète.

Une autre course, à la fois plus réelle et encore virtuelle, est également en train de se jouer, celle de la quête des étoiles : la conquête spatiale. Après Spoutnik, le premier satellite artificiel soviétique lancé en 1957, et Youri Gagarine, le premier humain propulsé dans l'espace en 1961, les États-Unis, sous l'impulsion de leur président John Fitzgerald Kennedy, décident de relever le gant. Alan Shepard fait lui aussi un voyage dans l'espace en 1961, mais le plus incroyable reste à venir. La Nasa (National

Aeronautics and Space Administration) prépare une titanesque mission, celle d'envoyer des hommes fouler le sol de la Lune. Lancée dans une course contre la montre face aux identiques velléités soviétiques, l'Amérique de Richard Nixon permet à Neil Armstrong et à Edwin Aldrin de fouler plusieurs minutes durant la surface de la Lune, le 20 juillet 1969. L'exploit est suivi en direct par 500 millions de personnes en mondovision, pour une avancée technologique et humaine dont le prestige revient aux États-Unis.

Le Saint et son acteur vedette Roger Moore feront une grande publicité au très élégant coupé Volvo P1800, la voiture du héros dans ce célèbre feuilleton.

Innovation et contestation

Cet exploit n'aurait pas pu avoir lieu sans le génie créatif de l'homme qui, en ces temps de paix, avance à pas de géant. Quels sont donc ces calculateurs que l'on hésite encore à nommer intelligence artificielle ? Comme au cinéma, ces machines enregistrent sur leurs bandes des informations dont on a pour l'instant du mal à comprendre la teneur.

Les années 1960 vont aussi être celles de la miniaturisation grâce au lancement du transistor, puis du circuit imprimé. Tout en connaissant une diminution spectaculaire de leurs dimensions, ces inventions vont également donner aux ordinateurs une puissance décuplée exploitée par la société IBM, pionnière dans le domaine. L'autre révolution, dont on est encore bien loin de mesurer l'impact, va consister à faire dialoguer ces machines entre elles. La mise en réseau des ordinateurs, d'abord dans un même lieu puis à distance, jette ainsi les bases d'Internet – son ancêtre de l'époque étant nommé Arpanet – et ouvre d'un coup d'immenses possibilités en termes de communication.

Les progrès réalisés dans la recherche au service du corps humain sont eux aussi impressionnants. En défrichant peu à peu les secrets de la génétique, les recherches sur la biologie moléculaire permettent de mieux appréhender le traitement de diverses pathologies. Les outils de soins évoluent également très vite, avec les analyses radiologiques et le laser. Après les premières interventions à cœur ouvert, on assiste à la fin de 1967 aux premières greffes du cœur en Afrique du Sud et, quelques mois plus tard, en France, sous la houlette du professeur Christian Cabrol. Les premiers patients ne survivront que peu de temps, mais le savoir-faire est acquis, et il se développera au cours des années suivantes.

La série *Amicalement vôtre* et l'acteur Tony Curtis rendront célèbre la Ferrari Dino 246 GT.

Les aventures de Spirou et Fantasio voient les deux héros devenir pilotes d'essai de la Quick Super et de sa transmission Quickfluid.

Parallèlement à tous ces progrès auxquels on n'aurait même pas songé quelques années plus tôt, la jeunesse des années 1960 va se faire connaître et se faire entendre par une certaine forme de contestation. Cette génération nouvelle, qui n'adhère pas au message et au style de vie de ses aînées, s'invente de nouveaux codes. Ces derniers sont vestimentaires, tout d'abord, avec l'utilisation de nouveaux tissus imprimés de couleurs vives. Venue d'Angleterre, la tendance est aux jupes qui raccourcissent, une tendance qu'exploitera André Courrèges à partir de 1965 pour imposer la mini-jupe : voilà encore un pas de plus vers une certaine forme d'émancipation de la femme. Le pantalon se féminise également, même s'il restera encore interdit pendant un moment sur les lieux de travail ou dans les écoles. Sur le plan musical, la mode est aux sons nouveaux issus du blues noir puis du rock'n'roll, chanté et dansé par Elvis Presley. Mettant en valeur guitares et percussions, l'avènement du rock prend plusieurs directions, du pur et dur, avec des sons agressifs, à des formes plus douces, que l'on nommera pop music.

Champions de cet univers musical qui va conquérir le monde à la vitesse de la lumière, les Anglo-Saxons inspirent une génération nouvelle de chanteurs français, bientôt baptisés les yé-yé.

Portés par l'industrie naissante du 45-tours, ces artistes trouveront un large écho dans le cœur d'un public ayant le même âge et les mêmes aspirations qu'eux.

Avec ses albums mettant en scène les exploits de Michel Vaillant, l'auteur Jean Graton nous plonge dans le monde passionnant de la course automobile.

« Cette jeunesse qui arrive à maturité dans les années 1960 a eu la chance de ne pas connaître la guerre. Elle est très nombreuse et, quelque part, elle ne veut plus entendre parler de toutes ces années sombres qui ont tant marqué ses aînées. Les jeunes veulent désormais changer le monde et demandent qu'on leur donne la parole, ce qui n'était pas le cas dans les décennies précédentes : cela ne se faisait pas, tout simplement. C'est de cette volonté d'émancipation que va naître un mouvement contestataire qui aura l'impact que l'on sait sur notre société. »

Johnny Hallyday, Eddy Mitchell
et leur bande ont opté pour une vraie
voiture de copains, la Triumph TR3.

L'automobile se réinvente

Les constructeurs automobiles les plus faibles ont disparu, et les plus solides préparent déjà l'avenir. Mais ces derniers vont devoir faire preuve d'innovation et d'ambition pour répondre aux attentes d'un public aussi exigeant qu'amoureux du quatre-roues. Entre plaisir, agrément et reflet du statut social, l'automobile est au cœur de toutes les convoitises.

Dans les années 1950, une obligation de rationnement – encore pas si lointaine – et le manque de matières premières avaient dicté leurs contraintes aux constructeurs automobiles. On se souvient notamment en France de la loi Pons, qui encadrait de manière très stricte les marques nationales, leur imposant même le niveau de gamme dans lequel elles devaient produire leurs voitures. Toutefois, au fil du redressement économique de l'Europe, les constructeurs se sont peu à peu libérés de ce carcan pour donner plus d'espace de liberté aux concepteurs, ingénieurs et designers du monde de l'automobile.

L'Amérique, de son côté, n'a pas eu à souffrir de ces obligations et restrictions. Ainsi, au cours des années 1950, les voitures américaines n'ont pas pour objectif d'être pratiques ou économiques. L'essence est bon marché au pays de l'Oncle Sam, et les larges routes et avenues ne posent pas de problème d'espace aux usagers. Immenses, spectaculaires, exubérants, les quatre-roues produits outre-Atlantique exhibent fièrement leurs chromes et semblent avoir surtout été le fruit des excentricités de leurs designers. Il en va de même pour la partie mécanique : sous les larges et longs capots, aucune difficulté pour loger des moteurs surdimensionnés, évidemment à huit cylindres, tournant à un faible régime. Pourquoi, dès lors, se restreindre et ne pas profiter du confort des larges banquettes, du son des autoradios, tout comme de la souplesse et du couple de ces grosses cylindrées ?

Désirs et raison

Si une certaine opulence est de mise de l'autre côté de l'Atlantique, le contexte économique, même s'il est en nette amélioration, n'est pas aussi porteur en Europe. Sa fragilité sera démontrée par un nouveau coup de semonce, porté à l'industrie en général et à l'automobile en particulier, lors de la crise de Suez. Tenant les rênes du pouvoir égyptien depuis 1954, Gamal Abdel Nasser défend un projet d'unité et d'indépendance arabe. En 1956, soucieux d'afficher son indépendance, il remet en cause les concessions accordées à la France et à l'Angleterre pour la gestion de l'activité du canal de Suez, devenu l'incontournable route du pétrole pour l'Europe. Le conflit prend une ampleur certaine, mobilisant les diplomaties des grands pays de la planète pour aboutir en 1957 à un règlement de la crise par le biais de l'ONU. Privé de pétrole alors que, en pleine industrialisation, il en est de plus en plus dépendant, le continent européen renoue avec une période de pénurie ; en France, des tickets de rationnement sont distribués pour l'essence. La soudaine prise de conscience du contraignant besoin du précieux

La démesure totale et la démonstration de force étaient au rendez-vous avec cette spectaculaire américaine, la Cadillac Eldorado.

À l'opposé du gigantisme américain, la Mini est un concentré d'astuces pour une voiture au charme non moins irrésistible.

or noir et la perspective d'en manquer un jour vont en partie orienter les directives des constructeurs pour les années à venir. Pas question, en effet, de se laisser entraîner dans les dérives, au sens propre comme au figuré, des constructeurs américains. Dans la seconde partie des années 1950, le taux d'automobiles par foyer est encore assez faible, et il faut donc privilégier les voitures compactes et économiques pour espérer réussir à grande échelle sur le marché européen. La Mini, avec ses cotes ultraréduites et sa conception extrêmement astucieuse, en sera le parfait exemple, faisant de la petite anglaise une voiture aussi charmante qu'efficace sur le plan dynamique. Son succès s'annonce énorme.

Différentes et assurément plus raisonnables et rationnelles que les productions américaines, tant par philosophie que par nécessité, les réalisations européennes vont toutefois profiter du tournant des années 1960 pour se voir accorder une bonne dose de fantaisie dans leur conception, mais aussi, et surtout, dans leur apparence. On passe notamment du noir, du blanc ou du gris, jusqu'ici de rigueur, à des gammes de couleurs nettement plus vastes et plus gaies. Si, bien sûr, on apprécie d'abord une automobile à sa puissance, sa vitesse de pointe ou son équipement, on commence également à considérer ses lignes et certains détails stylistiques, parfois subtils.

Face à une demande allant grandissant, les constructeurs affinent leurs stratégies et développent des gammes de voitures dans le but d'élargir leur offre. La politique, très répandue après guerre, du modèle unique – parfois

Après avoir assis sa réputation en construisant des berlines classiques, Peugeot démocratise son offre avec la moderne 204.

La 404 cabriolet, révélée fin 1961, associe style d'une grande élégance et confort permettant d'accueillir aisément quatre personnes à bord.

Loin d'être démodée, tant son style dévoilé en 1955 était en avance sur son temps, la DS représente le haut de gamme Citroën au début des années 1960.

décliné en plusieurs carrosseries – laisse place à des voitures très différentes les unes des autres. Si Peugeot va rester encore quelques années sur sa seule 403, relayée par la 404, l'apparition de la toute nouvelle 204, en 1965, voit le constructeur au lion se positionner sur le créneau des compactes. Citroën, quant à elle, amplifie son offre avec la DS, la 2 CV et, surtout, avec l'arrivée de l'étonnante Ami 6, bientôt rejointe par la Dyane, cette 2 CV revisitée en mode cossu. On n'est pas en reste chez Renault, avec la Dauphine et sa cousine la Floride. La régie expérimente en parallèle de nouvelles voies avec la très fonctionnelle Renault 4 ou 4 L, en attendant la révolution R16 qui, avec son hayon, sa ligne très particulière, son toit sans gouttière et son intérieur modulable, introduit une voiture aux idées foncièrement novatrices.

Amérique, le retour

Pour répondre aux attentes d'une clientèle dont l'âge est en baisse et dont les désirs vont grandissant, les constructeurs se doivent à présent d'explorer toutes les formes de conception de l'automobile, allant de la classique berline à la Grand Tourisme, la sportive ou la voiture de loisir. Elles peuvent être déclinées sous diverses formes de carrosseries, et notamment le break, dont le côté pratique est exploité par les familles, les commerçants ou les artisans. En développant ses caractéristiques sportives, on aboutit au break de chasse, dénommé *shooting brake* par les Anglais ou *sport wagon* par les Américains. Toujours imaginatifs en matière d'automobiles d'exception, les Britanniques de chez Aston Martin vont concevoir la fameuse DB5 Shooting Brake, carrossée par Radford, et dont le tout premier exemplaire sera destiné au propriétaire de la marque, David

« Dans les années 1960, c'est un véritable lien affectif que chaque propriétaire a avec sa voiture. Le crédit, qui se développe, permet à de plus en plus de personnes d'acquérir une automobile. La demande est forte, et les constructeurs y répondent en élargissant le choix et en raccourcissant les délais de livraison, au détriment, parfois, de la qualité de fabrication et de l'épaisseur des tôles. À chaque fin d'été, on lorgne sur les nouveaux millésimes que proposent les marques. Il n'y a parfois que des changements de détail, mais tout le monde rêve de ces derniers modèles. »

Comme son inspiratrice, la 2 CV, la Citroën Dyane s'adresse à tous les publics.

Brown, dont les initiales forment le préfixe de chacun des modèles. La très forte demande n'est pas sans aiguiser les appétits. En Amérique, le temps des délirantes carrosseries est à présent révolu dans ces années 1960, laissant place à des lignes plus sobres et plus compactes. Cette tendance permet naturellement d'ouvrir de nouvelles perspectives aux constructeurs d'outre-Atlantique, dont les produits se rapprochent de plus en plus des standards européens. Outre une volonté d'expansion par le biais de l'exportation de certains de ses modèles, Ford et General Motors, notamment, vont profiter de leur implantation de longue date sur le continent européen. Le premier nommé a une filiale anglaise et une filiale allemande qui donneront bientôt naissance à une seule entité, Ford Europe. Le second, quant à lui, possède une filiale en Allemagne et se développe également à travers la marque Vauxhall, rachetée dès 1925, et sous la bannière de laquelle on retrouve principalement des produits Opel, dont le volant migre à droite. Dans ce combat de géants, Ford va tout particulièrement se distinguer par son

Près de 1,5 million de Dyane vont être construites, notamment dans les usines de Levallois-Perret et de Rennes-La Janais.

Bleues ou orange, des Renault 4 sont en cours d'assemblage sur les chaînes de l'usine de l'île Seguin, à Boulogne-Billancourt.

Une couleur vive, caractéristique des publicités des années 1960, salue l'arrivée d'une nouvelle calandre englobant les feux avant de la Renault 4 à partir de 1967.

dynamisme, et tout d'abord par une offensive sans précédent dans le domaine du sport, avec la GT40, en Endurance, suivie par la conception d'un moteur de Formule 1, en collaboration avec la firme Cosworth. Lauriers glanés, c'est par le développement de modèles spécifiques ciblant le nouveau marché commun de l'Europe que la firme de Detroit va remporter des parts de marché. Après la gamme des Taunus 12, 15 et 17, deux réalisations marquantes vont assurer durablement le succès de la marque. D'abord, l'Escort, dévoilée en 1968, est plébiscitée pour sa robustesse et ses différentes versions. Inspirée par l'immense réussite de la Mustang, Ford Europe élabore ensuite sa propre vision d'un coupé à la ligne charmeuse avec sa fameuse Capri, lancée en 1969. General Motors Europe n'est pas en reste, ajoutant à son catalogue les

Après la très séduisante Mustang, imaginée et fabriquée aux États-Unis, Ford Europe invente à son tour un coupé à tendance sportive avec la jolie Capri.

Kadett, Commodore, Rekord et Olympia. Ces sérieuses Opel seront rejointes en 1968 par un modèle dont l'objectif est de dynamiser l'image de la marque, la GT. Ce séduisant coupé deux places aux lignes très réussies, avec ses ailes galbées, son arrière tronqué et ses feux avant rétractables, va connaître un joli succès, donnant raison aux efforts de communication de GM.

Pour qui roulez-vous ?

Image, notoriété, marketing sont des repères nouveaux sur lesquels vont se concentrer les experts du marketing automobile. Outre la promesse de liberté et de découverte de nouveaux horizons, la voiture est plus que jamais un repère social. Il est dorénavant courant d'associer un modèle, voire une marque, à une catégorie sociale ou socio-professionnelle. Pour renforcer ou faire évoluer cette image, les constructeurs ne ménagent pas leur peine, aboutissant parfois à des réussites surprises ou à des échecs cuisants. Le fruit de l'association entre Renault et Gordini, l'attachante Citroën Méhari, l'adorable Fiat 500, les cabriolets Peugeot ou le très « cool » Volkswagen Combi sont autant de coups de maître qui rejailliront durablement sur l'image des marques et des créateurs de leurs modèles.

En s'écartant des modèles traditionnels, on se permet de se singulariser et d'afficher sa différence. Les sportives anglaises, qui avaient déjà réalisé une jolie percée dans les années 1950, poursuivent cette tradition de voitures de plaisir qui incitent à la promenade plus ou moins sportive,

Le coupé sportif est à la mode à la fin des années 1960. Opel tentera à son tour sa chance dans ce segment avec sa belle GT.

cheveux au vent. À propos de se distinguer, une nouvelle nation est en train de rejoindre l'univers du quatre-roues : le Japon. Après avoir pris d'assaut le marché de la moto à travers des produits technologiquement très au point et dotés d'un haut niveau de fiabilité, les marques du pays du Soleil-Levant s'attaquent désormais à la voiture. À cette période, deux constructeurs affichent pleinement leurs ambitions. Honda, bien sûr, tient le haut du pavé, capitalisant sur sa réputation acquise avec ses deux-roues, mais Toyota, qui a un fort désir d'expansion et qui introduit des principes d'industrialisation novateurs, annonce lui aussi l'éclosion d'un futur géant de l'automobile.

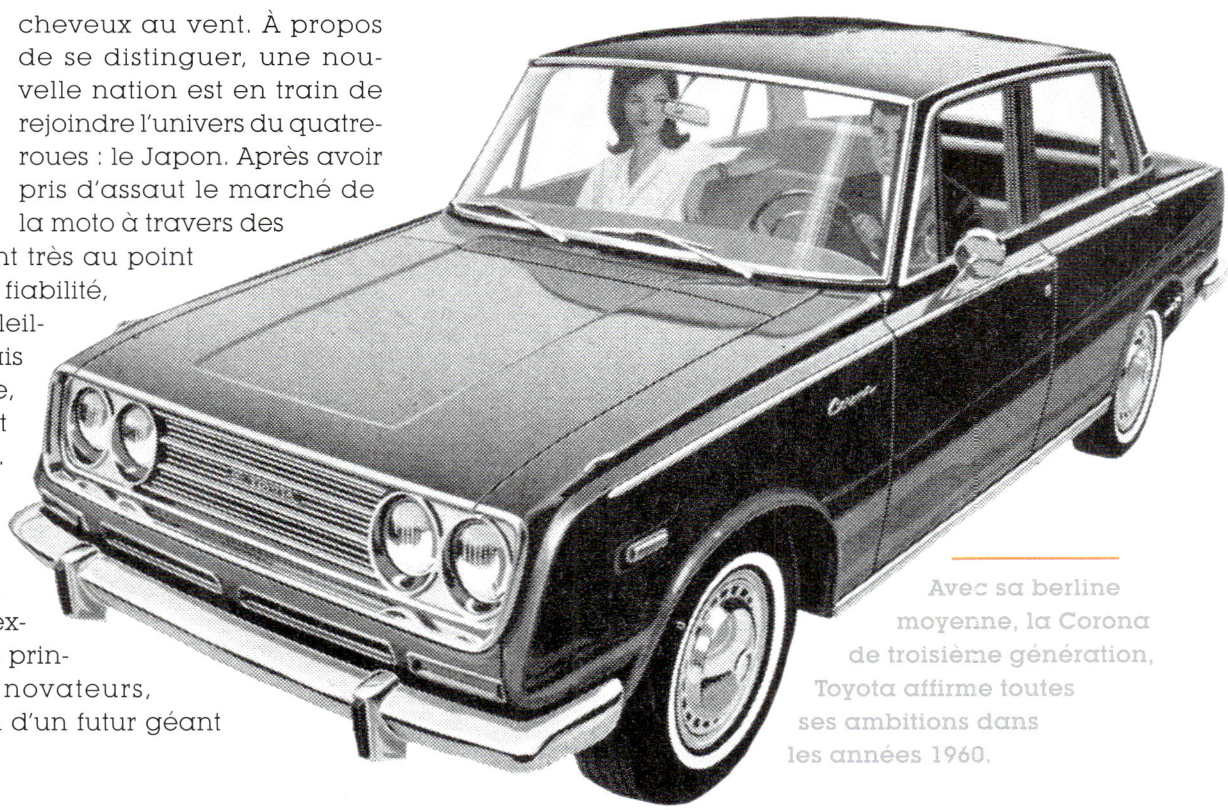

Avec sa berline moyenne, la Corona de troisième génération, Toyota affirme toutes ses ambitions dans les années 1960.

La civilisation de l'automobile

Les succès commerciaux des quatre grands constructeurs français font de l'industrie automobile et de ses dérivés une des clés de l'économie hexagonale. Portées par cette dynamique, la France et l'Europe doivent à présent s'adapter à la vertigineuse ascension de l'automobile au sein de leurs sociétés.

Traverser la place de la Concorde en fin de journée est devenu un exercice difficile. Avec un parc automobile passant de 6 240 000 unités en 1960 à 13 710 000 en 1970 (un ménage sur deux possède un véhicule en 1968), la voiture est omniprésente au cœur de la société des années 1960. Entre les primo-accédants et ceux qui ont les moyens d'investir dans de nouveaux modèles bénéficiant des dernières avancées techniques et d'un équipement remis à jour, l'accroissement et le renouvellement du parc automobile s'accélèrent en France et en Europe. Signe de nouveaux réflexes de consommation, si la clientèle achète encore prioritairement les voitures produites par les constructeurs nationaux, le chiffre des importations va exploser au cours des *sixties*, la levée des barrières douanières au sein de l'Europe

Scène quotidienne de la vie parisienne des années 1960 : la place de la Concorde est prise d'assaut par les automobiles.

À partir du mois de septembre 1961, les automobilistes parisiens peuvent emprunter les quais de la Seine et leurs voies sur berges.

facilitant cette internationalisation sur le sol français. Face à l'engouement pour le quatre-roues, les voies de communication routières doivent suivre, à commencer par celles des villes. Les grandes agglomérations approchent peu à peu de la saturation, et la vitesse moyenne de déplacement ne dépasse pas les 7,5 km/h. Un programme de grands travaux est lancé, notamment à Paris, qui, selon le désir des pouvoirs publics de l'époque, doit s'adapter à l'automobile. Une réflexion logique pour une capitale et sa banlieue dont la vie est intimement mêlée à cette activité économique. Renault est situé à Boulogne-Billancourt, sur l'île Seguin, Citroën se trouve au bord de la Seine, quai de Javel, Panhard est installé porte d'Ivry, et une multitude de garages et de sous-traitants ont accaparé la périphérie de la capitale… L'Île-de-France vit au rythme de l'industrie l'automobile.

Dès 1958, une parcelle de voies le long des berges de la Seine voit le jour. Le projet va se poursuivre afin de permettre de traverser sans obstacles Paris d'est en ouest. Faite par Georges Pompidou, Premier ministre de l'époque et amateur d'automobiles, l'inauguration a lieu en 1967. Tandis que les feux tricolores se généralisent, on voit également apparaître le marquage au sol dans les villes afin d'orienter plus efficacement le flux des voitures.

Après la traversée de Paris, c'est au contournement de la capitale que l'on va s'attaquer. Les boulevards des maréchaux ne suffisent plus à canaliser le trafic des quatre-roues, et un vaste projet de boulevard périphérique prend corps. Celui-ci sera bâti en partie sur les anciennes fortifications de la capitale, édifiées au XIXe siècle, avant d'être déclassées puis démolies à partir de 1919. Dès 1940, une étude de voies rapides est évoquée, mais leur construction ne débute réellement qu'en 1956, avec de grands travaux au niveau des portes de Clignancourt et de Saint-Ouen. Le 12 avril 1960, le premier tronçon achevé, entre la porte de la Plaine et la porte d'Italie, est inauguré, mais il faudra treize années supplémentaires pour voir achevés les 35,04 km de cette rocade géante desservant les portes de Paris, mais également les nationales et les autoroutes en direction de la province.

Nationale 7 !

Si les congés payés ont « inventé » le temps libre des salariés, ces derniers, faute de moyens mais aussi à cause de la guerre, ont encore peu tenté de grandes escapades.

C'est le 16 mai 1960 que fut inauguré le premier tronçon du périphérique parisien, entre la porte d'Italie et la porte de Châtillon.

Les années 1950, avec l'explosion du marché de l'automobile, vont inciter les familles à davantage de déplacements, une tendance qui va massivement se développer lors de la décennie suivante. Destination la montagne ou cap vers les côtes : le réseau routier se voit envahi d'automobiles le plus souvent surchargées à l'heure des vacances. C'est dans le but de faciliter le trafic que sont lancés d'autres vastes chantiers, tels que le percement du tunnel sous le mont Blanc, 11 kilomètres de route reliant Chamonix à Courmayeur, de l'autre côté de la frontière avec l'Italie. À la construction des tunnels succède celle des ponts, dont celui de Tancarville, enjambant la Seine entre Le Havre et Rouen, et mis en circulation en 1959.

Disposant de plus de temps libre que les générations précédentes, la civilisation des loisirs naissante plébiscite l'automobile pour assouvir ses désirs.

En France, deux axes sont particulièrement fréquentés et, à l'instar de la Route 66 aux États-Unis, les nationales 6 et 7 vont devenir des symboles de l'histoire de l'automobile de la seconde moitié du XXe siècle. Chantée en 1955 par Charles Trenet, la nationale 7 évoque notamment la route des vacances et du soleil. Le long de ces deux voies asphaltées va s'organiser toute une activité afin d'accompagner le mieux possible l'automobiliste de passage dans sa traversée du pays.

C'est sur le parvis de la cathédrale Notre-Dame de Paris que l'aventure routière peut commencer, une plaque en cuivre indiquant à ce point précis le départ des différentes routes de France. Passé la porte d'Italie, la N7 prend la direction de Fontainebleau, tandis que la N6 franchit la porte de Charenton pour se diriger plein sud vers Melun, puis Sens. Incontournables relais entre la France du Nord et celle du Sud, ces routes passent par la Bourgogne, pour la N7, ou par la région Centre, puis par le Nivernais, en ce qui concerne la N6. Cette dernière laisse Clermont-Ferrand à sa droite pour bifurquer à hauteur de Moulins et rejoindre ainsi sa cousine N7 à Lyon. Les deux axes font alors cause commune jusqu'à la Côte d'Azur et la frontière italienne, à la sortie de Menton, après 996 kilomètres parcourus depuis le départ de Paris.

Familles, commerçants, routiers ou artisans, les voyageurs arpentent sans cesse ces routes devenues mythiques au fil du temps, et au long desquelles on trouve quelques repères

Rien de tel que le Combi de Volkswagen pour transporter famille et matériel sur les pistes de ski ou ailleurs.

Cette Triumph Herald cabriolet avance bien des arguments pour prendre la route en sa compagnie, cheveux au vent !

indispensables : nuit et jour, le balai incessant impose un nouveau type de commerce, celui des stations-service. À tout moment, le conducteur de passage peut y manger, faire le plein, résoudre un problème technique, ou éventuellement dormir. C'est donc une véritable vie qui jalonne ces deux nationales ainsi que tous les grands axes français avec, dans chaque région, la possibilité d'acheter les spécialités locales. C'est au bord de la N6 que naîtra, en 1961, le premier restaurant Courtepaille, inventé par le fils de la propriétaire d'un hôtel-restaurant de Rouvray, dans l'Yonne.

Wimpy prend l'autoroute

Un nouveau type de restauration va également bientôt apparaître avec les Wimpy, ancêtres des McDonald's. C'est en 1937 que le premier Wimpy est inauguré à Chicago. L'Angleterre suit en 1954, avant que la marque n'investisse Paris en 1961. Le concept est importé en France par Jacques Borel, qui voit dans la philosophie de cette chaîne de restauration une façon nouvelle de manger. plus rapide et moins contraignante. Le modèle est directement copié sur celui des États-Unis. Au menu, le client a le choix entre divers hamburgers préparés et grillés devant lui, et qu'il pourra assaisonner avec de la moutarde ou du ketchup. Le succès est au rendez-vous pour Jacques Borel, qui ouvrira dix restaurants Wimpy à Paris et cinq en province. Pourtant, il est encore trop tôt pour définitivement imposer ce concept, d'autant que l'homme a un autre projet en tête, la restauration sur autoroute, baptisée Restoroute. Profitant de son expérience dans les restaurants à service rapide, Borel crée des lieux spécialement dédiés aux

« S'arrêter à une station-service était un plaisir. Les voitures de l'époque – et c'est sans doute ce qui fait encore aujourd'hui leur charme – n'étaient pas forcément très confortables, et on était content de faire une halte. Ici, le mot service n'était pas galvaudé. On vous faisait le plein d'essence et on s'occupait de votre auto. Certaines stations étaient superbes, avec des pompes tout en couleur. Il y avait aussi des points d'arrêt incontournables, parce que la table y était réputée. Quand on voyait de nombreux camions stationnant devant une auberge, c'était bon signe. Ces professionnels de la route savaient dénicher les adresses où ce que l'on servait était bon et pas cher. »

Break, camping car, utilitaire, le Combi est le premier monospace de l'histoire, incontournable compagnon de toutes les aventures.

autoroutes, capables de proposer une grande variété de plats chauds vingt-quatre heures sur vingt-quatre et sept jours sur sept. Enjambant l'ensemble des voies, ces ponts-restaurants permettent aux usagers d'y accéder quelle que soit la direction qu'ils empruntent. La restauration industrielle se répand donc de plus en plus, mais on est encore loin de la nommer « malbouffe ». Afin de résoudre la problématique de pouvoir servir 200 clients un jour et 4 000 le lendemain, le self-service mis en place permet d'accélérer les cadences des repas, tandis qu'on fait appel aux jeunes filles des fermes des alentours les jours de pointe. Les Restoroutes s'adaptent ainsi à une nouvelle forme d'axes routiers, les autoroutes à deux fois deux voies, qui permettent de relier deux destinations sans aucun obstacle, évitant feux, stops et ronds-points.

C'est en 1935 que fut déclarée d'utilité publique l'autoroute de l'Ouest, appelée à relier Paris et la Normandie. Vingt-deux premiers kilomètres sont ouverts en 1946, avant que

Comme le dit la publicité du pétrolier Antar, l'automobile ne peut que vous mener sur « la route des vacances heureuses ».

Prenant le relais des nationales 6 et 7, l'autoroute du Sud fait connaissance avec ses premiers bouchons.

Le 22 mai 1969 est inauguré le premier « pont-restaurant » de France, sur l'autoroute de l'Ouest, à Morainvilliers, dans les Yvelines.

l'A13 ne s'étende jusqu'à Caen à la fin des années 1960. Le Fonds spécial d'investissement routier a également prévu d'investir vers le sud, au départ, cette fois, de la porte d'Orléans, avec un premier tronçon ouvert en 1960 pour l'autoroute A6, dont les travaux dureront onze années avant d'atteindre Lyon en passant par le tunnel de Fourvière. Encore plus au sud, la Riviera se dote elle aussi de son autoroute avec les voies Esterel-Côte d'Azur, inaugurées le 1er février 1961. Cette première portion de la future A8 relie Mandelieu-la-Napoule à Fréjus et, surprise, elle est payante !

Peur sur la route

Les autoroutes, les nationales, mais aussi les petites routes, font la joie des automobilistes voyageurs qui, dans la foulée des années 1950, s'adonnent aux plaisirs du camping. Les toiles de tente fleurissent sur le bord des chemins, tandis que certains constructeurs, tels Renault, avec son Estafette, ou Volkswagen, avec son Combi, proposent des solutions intégrées. Leurs modèles deviennent ainsi

Certaines autoroutes sont déjà payantes, à l'image de celle de l'Ouest, ici en 1963.

Face à un trafic routier grandissant, les pouvoirs publics et les constructeurs se doivent de réagir pour apporter plus de sécurité.

des camping-cars avec des banquettes se transformant en lits – un toit surélevé permettant d'accueillir des couchettes supplémentaires –, des armoires de rangement, un réchaud à gaz et même un Frigidaire ! De quoi voyager en famille à peu de frais, pour le plus grand bonheur des enfants ! Mais, que ce soit en période de transhumance ou tout au long de l'année, le trafic en hausse constante est aussi synonyme de risques routiers. Depuis 1955, l'association Prévention routière est devenue d'utilité publique.

Afin de sensibiliser les usagers aux risques de l'automobile, Prévention routière organise ici aux Invalides, à Paris, une campagne de contrôle des phares.

Entre 1960 et 1970, le nombre d'accidents mortels passe de 9 994 à 16 928. Les routes sont dangereuses, et les véhicules rapides côtoient camions ou tracteurs, tandis que la signalisation fait défaut la plupart du temps.

Un drame de la route resté célèbre pointera du doigt le danger des platanes et autres arbres bordant les voies. Le 4 janvier 1960, la Facel-Vega FV3 conduite par l'éditeur Michel Gallimard, avec à son bord Albert Camus, quitte la route du côté de Villeneuve-la-Guyard et percute violemment un arbre, tuant l'écrivain sur le coup ; le conducteur succombera à ses blessures. C'est à partir de cette date que l'on commencera à retirer les arbres longeant les routes.

Pour améliorer la sécurité routière – sur un simple clin d'œil ou un coup de gaz provocateur, nombreux sont les conducteurs à se mesurer amicalement au volant de leurs voitures –, de nouvelles mesures sont prises. Elles prennent la forme des premières limitations de vitesse en agglomération, tandis que l'on commence aussi à sanctionner la conduite en état d'ivresse. L'assurance en responsabilité civile devient également obligatoire pour les engins motorisés. De son côté, la police veille à bord d'une flotte de véhicules arborant de nouvelles couleurs noir et blanc. Certaines de ces automobiles sont équipées des premiers radars, qui contrôlent la vitesse à l'aide de flashs portant le nom barbare de Traffipax. Mais l'heure reste encore davantage à la prévention qu'à la répression…

8020 QM75

Les hits des *sixties*

Le plaisir automobile bat son plein. Dans ce contexte euphorique, les constructeurs ont à présent les moyens de répondre à la demande passionnée du public. De quoi les inciter à oser et à innover dans toutes les directions, et laisser à l'histoire de véritables chefs-d'œuvre et coups de génie.

Déjà reine des *fifties*, l'étonnante Citroën DS continuera à régner sur les années 1960, comme cette élégante version Pallas.

Les stars du baby-boom

Entre voiture des villes et voiture des champs, les années 1960 cherchent leur nouvelle vedette sur quatre roues. Cette dernière devra être économique, novatrice et astucieuse. En un mot, irrésistible !

C'est un peu comme si le monde accélérait. Au carrefour des années 1950 et 1960, la métamorphose du parc motorisé est lancée. Les années de l'après-guerre avaient vu arriver sur le marché de drôles d'automobiles, ces fameuses *microcars* proposant une alternative intéressante aux possesseurs de deux-roues. Elles avaient l'avantage d'offrir un toit et – généralement – trois places, à l'image de la Vespa 400, de la BMW Isetta, de la Goggomobil ou de la Messerschmitt.

Mais, tout en restant raisonnable et pragmatique, l'automobiliste européen rêve de plus de confort et de puissance. Outre ces minivoitures, trois automobiles avaient particulièrement marqué les années 1950 par l'ingéniosité de leur conception, qui n'avait d'égale que la qualité de leurs prestations. Citroën 2 CV, Fiat 500 et Volkswagen Coccinelle : ces modèles dits populaires avaient montré la voie, celle des véhicules économiques, robustes et bourrés d'astuces. Avec la volonté d'expansion des constructeurs, toute raison gardée, ces trois inspiratrices vont connaître de dignes descendantes au cours de la décennie suivante.

La malicieuse BMW Isetta a ouvert sa grande porte frontale à de nombreux primo-accédants à l'automobile. Mais il en faudra plus, dorénavant, pour séduire…

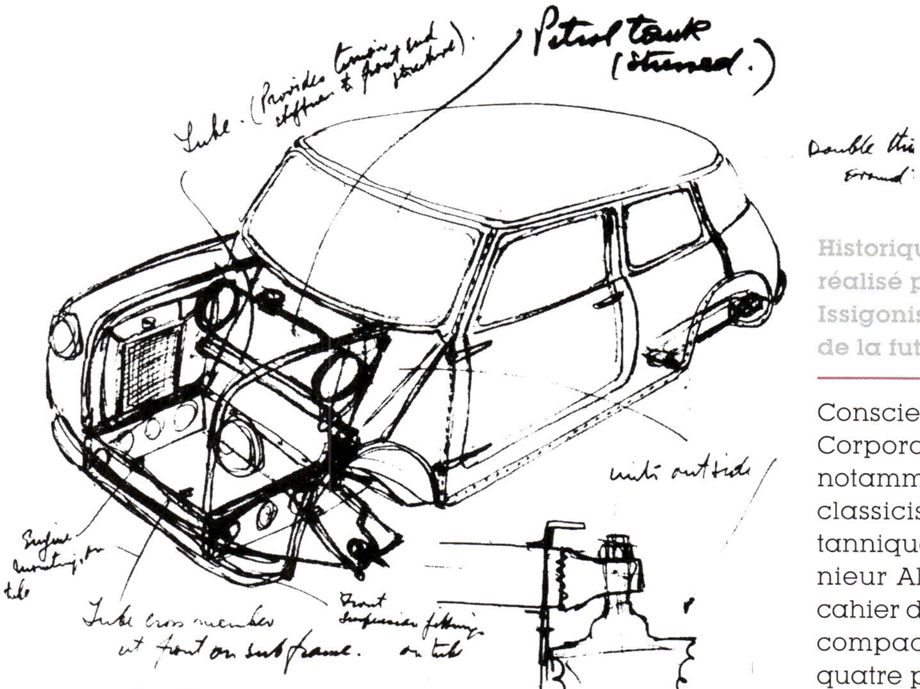

Historique, ce croquis réalisé par Alec Issigonis jette les bases de la future Mini.

La boîte à malices

Si l'automobile anglaise a conquis la planète entière avec ses séduisantes petites sportives, les marques du pays de Sa Majesté n'ont pas fait preuve du même génie dans la conception de leurs petites voitures populaires pour conquérir de plus importantes parts de marché et séduire une plus large clientèle. Là où Volkswagen, Fiat ou Citroën, mais aussi Renault – avec sa 4 CV –, ont su élaborer des modèles en phase avec la situation économique du moment, il manque à l'Angleterre un best-seller. Présentée en 1948, la Morris Minor a, certes, connu un très beau succès grâce à d'excellentes qualités dynamiques, mais cet élan a toutefois été tempéré par une mécanique vieillotte. Traumatisée par le conflit du canal de Suez, qui aura valu à l'Angleterre d'être sévèrement condamnée par son cousin américain, la presse britannique encourage elle-même les consommateurs au civisme en renonçant aux voitures qui consomment trop d'énergie. Consciente de cette nouvelle demande, la British Motor Corporation – qui regroupe désormais Austin et Morris, notamment – va étudier une voiture destinée à sortir du classicisme technique symbolisant les productions britanniques des dernières années. Père de la Minor, l'ingénieur Alec Issigonis est appelé à la rescousse pour un cahier des charges on ne peut plus simple. La future ultracompacte devra mesurer moins de 3 mètres, accueillir quatre personnes à bord et utiliser le bloc série A de chez BMC, cubant 848 cc. Avec une telle feuille de route, il est clair, pour Issigonis, que chaque détail de conception de la future petite anglaise devra tenir compte de cet encombrement minimal. Pour cela, l'ingénieur d'origine grecque va rassembler à bord de la future Mini une somme d'ingrédients testés çà et là sur de précédentes réalisations, y compris militaires. Pour accueillir décemment quatre personnes dans l'habitacle, il est rapidement établi qu'il faudra réserver 80 % de la surface de la voiture aux seuls passagers. Afin d'atteindre un tel ratio, il n'y a d'autre choix que de rassembler l'ensemble des organes mécaniques sur le même essieu. Comme sur une

Alec Issigonis, ici à côté des fruits de son imagination, peut être fier de son œuvre. Son Austin Mini est tout bonnement géniale !

Après la berline Mini est lancé l'irrésistible break Countryman, avec son fameux habillage en bois.

moto, le bloc moteur et la boîte sont intégrés à l'avant du véhicule, qui sera donc une traction avant, éliminant ainsi l'encombrement de l'arbre de transmission au sein de l'habitacle.

Après la mécanique, Issigonis s'attaque aux trains roulants. Dans la chasse systématique à l'espace perdu, les roues sont rejetées aux quatre coins d'une carrosserie à la forme principalement cubique, quoique élégamment arrondie. Les porte-à-faux sont ainsi éliminés, tandis qu'on opte, à l'instar des microcars, pour de minuscules roues de dix pouces afin de limiter au maximum la taille des passages de roues. Penché sur sa planche à dessin, Issigonis apporte enfin une dernière touche de génie à son œuvre sous la forme d'inédites suspensions à roues indépendantes, utilisant des éléments en caoutchouc – qui assurent une certaine flexibilité – en complément des amortisseurs hydrauliques. Cerise sur le gâteau, la Mini bénéficie également d'une ligne tout à fait charmante qui, en plus de ses qualités dynamiques hors pair, achèvera de convaincre un large public. Le temps de la surprise et de l'accoutumance passé, on se prend très vite de passion pour la nouveauté de chez BMC, rapidement devenue très à la mode. Trois déclinaisons contribueront à perpétuer son succès. D'abord, une version sportive signée John Cooper. Le sorcier britannique, qui sévit alors en Formule 1, s'avoue séduit par les qualités de la petite anglaise et lui réserve un tour à sa façon en l'équipant d'une mécanique et de freins plus performants. La Mini Cooper S est née, son comportement digne de l'efficacité d'un kart lui apportant de nombreux lauriers en compétition, dont deux victoires au rallye de Monte-Carlo, rien de moins ! Adulée, la Mini saura également sortir des sentiers battus avec son break Countryman recouvert d'un placage bois du plus bel effet, ou se muer en mini-Jeep avec la version

La Mini Moke vient compléter la gamme avec son look de petite Jeep, la transmission à quatre roues motrices en moins.

Mini Moke. Cette dernière, malgré sa garde au sol qui l'empêchera d'être une vraie tout-terrain, satisfera à merveille pour une utilisation loisir, notamment près des rivages ensoleillés !

4 L contre 2 CV

De notre côté de la Manche, s'il y a une voiture qui a marqué les esprits, c'est bien la 2 CV. Astucieuse, économique, pratique, cet inclassable modèle a conquis tous les publics. Il est évident que, pour une firme comme Renault, il n'est pas envisageable de laisser sans concurrence cette nouvelle espèce de voiture, mélange d'utilitaire et de berline. Après plusieurs années de gestation, la nouvelle Renault est présentée au public au Salon de Paris 1961. Comme la 2 CV treize ans plus tôt, la Renault 4 innove sur bien des points. « Je veux un volume », avait lancé en préambule de son étude le P-DG de la Régie, Pierre Dreyfus. Il a été entendu par les ingénieurs de la marque au losange, qui ont réussi à donner aux 3,80 mètres de cette auto tous les aspects pratiques qu'une nouvelle génération d'utilisateurs attend désormais d'une voiture. À commencer par une carrosserie à deux volumes, composée de quatre portes et d'un hayon allant du toit au plancher, comme sur un break.

Avec sa berline bourgeoise, la DS, ou, ici, sa populaire 2 CV, Citroën se positionne sur deux marchés distincts.

Treize ans après la 2 CV, c'est au tour de la Renault 4 de créer l'événement lors du Salon de Paris 1961.

Légèrement penchée et non verticale, cette « cinquième porte » autorise toutefois la nouvelle venue à garder ses attributs de berline. Une telle configuration, doublée de la transmission aux roues avant – une première chez Renault –, a permis de dégager le soubassement et d'offrir ainsi un vaste plancher plat pour un volume de chargement inhabituel dans cette catégorie de véhicule. Pour les amateurs de transports de charges encombrantes, la voiture pourra aussi se muer en véritable utilitaire grâce à sa banquette arrière qui se bascule en avant, augmentant encore la surface de chargement. Sur le plan dynamique, le modèle est équipé de suspensions indépendantes à barres de torsion, présentant l'avantage de grands débattements.

Rien n'a été laissé au hasard dans la conception de la petite dernière de Billancourt. Après trois années et des millions de kilomètres d'essais, elle avance des arguments de fiabilité et de facilité de maintenance inédits. Son système de refroidissement est plombé et ne nécessite aucun entretien, tandis que les différents organes qu'il était coutume de faire régulièrement graisser chez son garagiste sont remplacés par des rotules et des soufflets étanches. La prometteuse baroudeuse est présentée au Salon de Paris 1961 sous cinq déclinaisons : la R3 à moteur 3 CV, la R4, la R4 L – qui sera à l'origine de l'appellation générique du modèle –, la R4 L Super Confort et la R4 Fourgonnette.

Cette publicité illustre la qualité des suspensions de la Renault 4, dont la robustesse et la capacité d'absorption participeront au succès du modèle.

« On le sait, j'ai toujours eu une affection particulière pour ces voitures dites populaires. Elles représentaient un rêve qui devenait enfin accessible pour ceux qui, jusqu'alors, n'avaient pas les moyens de s'offrir une automobile. Le plus étonnant dans ces automobiles, c'est que, bien souvent, elles ont apporté des innovations techniques que l'on retrouvera ensuite sur des modèles bien plus huppés. Du fait de leurs cahiers des charges très stricts, elles ont obligé leurs concepteurs à défricher de nouvelles voies, et c'est cela qui les rend particulièrement attachantes. »

Outre son mode de traction aux roues avant, la vraie révolution introduite par la Renault 4 est son hayon.

En 1965, Peugeot fait sa révolution. Aux côtés de la 404, la compacte 204, qui adopte une transmission aux roues avant, vient compléter la gamme de la marque au lion.

Si la R3 va rapidement disparaître du catalogue, les autres modèles utilisant la mécanique de la 4 CV vont immédiatement trouver leur public grâce à un prix compétitif et des prestations de confort et de qualité supérieures à la 2 CV, dont la conception, il est vrai, est bien antérieure. Savamment orchestré sur le plan de la communication, le lancement de la Renault 4, accompagné de séances d'essai pour les acheteurs potentiels, est un succès. Vendue dans pas moins de 100 pays dans le monde, elle sera produite à plus de 8 millions d'exemplaires.

Le lion a vu juste

Si les concepteurs de la Renault 4 ont atteint leur objectif, une autre firme prépare elle aussi une petite révolution dans l'ombre de ses bureaux d'études. Réputée pour ses réalisations, la qualité et le sérieux étant ses marques de fabrique, Peugeot a réalisé un parcours très réussi depuis la fin de la guerre. Parvenant à remettre d'aplomb un outil de travail en partie pillé par les Allemands, le constructeur de Sochaux a enchaîné avec succès l'élaboration de sa trilogie 203, 403 et 404. Des berlines qui, au fil des versions et des modèles, ont gagné en équipement, tandis qu'elles s'étoffaient également au niveau de leur motorisation. Et si Peugeot peut à présent tirer un certain prestige de ses voitures que l'on peut qualifier de statutaires, il lui manque toutefois un modèle compact et accessible à un plus large public, à l'image de ce qu'offre l'ensemble de ses concurrents français, que ce soit Renault, Citroën ou Simca. Pour ce faire, la marque au lion va oser le pari de l'innovation, tranchant volontairement avec son image conservatrice.

Présentée en 1965, la 204, avec ses 3,97 mètres de long, n'est pas à proprement parler une petite citadine, mais plutôt une compacte. Son dessin à trois volumes est moins original que celui de la Mini ou de la Renault 4, mais il fait néanmoins preuve d'une élégance certaine, avec sa face avant ornée de grands optiques rectangulaires arrondis dans

Comme toujours chez Peugeot, la berline est rejointe par un break, qui offre une généreuse surface vitrée.

leurs angles et une partie arrière courte, soulignée par un jonc chromé courant sur toute la carrosserie. Mais le vrai changement se situe surtout dans les choix techniques qu'ont effectués ses concepteurs. Adepte historique de la propulsion, Peugeot change d'essieu pour transmettre la puissance au sol, présentant avec la 204 sa première traction avant, bien après Citroën ou Renault. La mécanique du modèle, réalisée en alliage léger et développant 1 130 cc, est également totalement inédite, tout comme le choix de greffer la boîte de vitesses sous le moteur, ces deux derniers éléments bénéficiant ainsi du même système de lubrification. Extrêmement lumineuse grâce à une large surface vitrée, la nouvelle Peugeot va très vite trouver son public, la gamme étant complétée d'un break, ainsi que d'un coupé et d'un cabriolet. Si la berline fut l'œuvre du bureau de style Peugeot, les deux autres types de carrosserie furent dessinés, comme de coutume chez le constructeur français, par Pininfarina. Preuve de la justesse des visées du constructeur français, à partir de 1969, et trois années durant, la 204 sera la voiture la plus vendue en France!

C'est en 1966 qu'est lancé le cabriolet 204. Si sa face avant est identique à celle de la berline, l'empattement se voit raccourci de 29 cm.

Dix ans de légendes

Quel beau métier que celui de concepteur d'automobiles ! Parmi ces faiseurs de rêves, il en est certains qui s'autorisent certaines libertés, guidés par de seules contraintes de design ou de performance. Ce n'est pas l'exercice le plus simple qui soit, mais, au bout de ces idées, de ces intuitions, naîtront quelques véritables et éternels joyaux.

Géniale dans sa conception et dans la volonté qu'ont eue ses concepteurs de permettre son accession au plus grand nombre, la voiture dite populaire est aussi à l'origine de formidables sagas vécues sur quatre roues.
Nous sommes en 1938, et l'Allemagne nazie du chancelier Adolf Hitler pose la première pierre d'une usine. Pas n'importe laquelle, puisque nous sommes dans la Basse-Saxe, dans la plaine de Wolfsburg, plus précisément, lieu choisi pour bâtir le futur centre de production dans lequel sera bientôt assemblée la fameuse « voiture du peuple » voulue par le IIIe Reich. Contacté par le Führer lui-même fin 1933, Ferdinand Porsche a travaillé d'arrache-pied pour donner corps à son rêve. Après avoir créé de somptueuses et novatrices machines de course, le docteur Porsche a mis toute son expérience et sa science de la technologie au service de la KDF, pour *Kraft durch Freude*, « Force dans la joie », nom originel donné à celle qui deviendra bien plus tard la Coccinelle. Le résultat est extrêmement prometteur, le modèle étant à la fois ingénieux, simple, robuste, économique et bon marché, autant d'arguments idéaux pour parvenir au but du régime allemand : donner la possibilité à chacun de ses ressortissants, sous la forme d'une épargne, d'accéder à l'automobile.

De l'ombre à la lumière

L'entrée de l'Allemagne dans le conflit planétaire qu'elle a engendré va stopper le processus d'industrialisation de la Coccinelle, qui ne renaîtra de ses cendres qu'au lendemain de la guerre. Un tel cocktail d'ingéniosité ne pouvait, bien sûr, pas rester sans lendemain et, sitôt l'usine de Wolfsburg en état de produire à nouveau, la construction de la Volkswagen est lancée.

Tandis que la Coccinelle poursuit son ascension, désormais planétaire, une belle descendance est en train d'écrire la légende de l'automobile…

Entamée à la fin des années 1940, l'histoire de la marque Porsche va connaître une foudroyante accélération avec la sublime 911.

Mais le modèle ne pouvait pas non plus rester sans descendance. Bercé par l'automobile depuis son plus jeune âge, Ferry Porsche a suivi une formation d'ingénieur et collabore depuis plusieurs années au bureau d'études fondé par son père. Il connaît donc tout de la Coccinelle, et il va s'employer à réaliser un double rêve familial, celui de créer sa propre marque et de construire un dérivé sportif de cette voiture populaire qui fut élaborée sous ses yeux. Touchant 5 Deutsche Mark de royalties sur chaque exemplaire vendu de la Coccinelle, Porsche peut lancer la conception de son 356e projet, qui aboutira à la première auto portant son nom. L'histoire, qui a commencé modestement dans une scierie en Autriche, va ainsi se poursuivre et prendre de l'ampleur au cours des années 1950 à Zuffenhausen, dans la périphérie de Stuttgart. Au tournant des années 1960, Ferdinand Porsche n'est plus, mais Ferry, épaulé par son propre fils Ferdinand Alexander – dit « Butzi » –, formé quant à lui à l'école du design, œuvre pour le futur de sa marque. Après la sportive 356, faut-il s'orienter vers une berline classique ou vers une stricte sportive à deux places ? Ferry tranche pour un coupé à 2 + 2 places, tout en conservant l'architecture qui a fait la réputation de la Coccinelle et de la 356, un moteur à air positionné en porte-à-faux arrière. Même si cette définition technique présente plus de contraintes que d'avantages,

Les dernières versions des Porsche 356 B et 356 C, ici au second plan, doivent laisser la vedette à la nouvelle 911 à partir de 1963.

Ligne de rêve, brillante mécanique et prix très concurrentiel, la Jaguar Type E sera l'événement du Salon de Genève 1961.

En 1967, le fauve de Coventry qu'est la Type E se fait même familial, avec une version à 2 + 2 places.

elle reste la marque de fabrique de la maison allemande.
Révélée au Salon de Francfort 1963, la 901 va-t-elle à elle seule pouvoir assurer la pérennité de la marque Porsche ? Une première contrariété ponctue l'arrivée de la nouvelle sportive du constructeur de Zuffenhausen. Peugeot oppose en effet son veto à l'apparition du zéro entre deux chiffres, une utilisation qu'elle a déposée pour son seul usage. La 901 doit donc devenir 911, ce qui n'est, au fond, qu'un simple incident de parcours. En effet, la nouvelle Porsche a immédiatement séduit par son design extrêmement réussi exprimant une sportivité certaine, mais aussi une élégance très marquée. Le dessin du modèle, présentant une ligne plus tendue que sa devancière, cadre parfaitement avec les tendances du moment, tout comme sa ceinture de caisse plus basse et sa surface vitrée en hausse. L'accueil du public est à la hauteur des espérances, même si le comportement routier n'est pas exempt de critiques. Déséquilibrée par son moteur placé en porte-à-faux arrière, la 911 souffre d'une certaine instabilité du train avant. Comptant dans ses rangs des ingénieurs obsédés par le développement technique de ses produits, Porsche va s'attacher à résoudre cette faiblesse chronique de la 911, la faisant évoluer de génération en génération pour davantage d'efficacité et de performance. Un moment envisagé, le remplacement de l'icône est finalement abandonné par la marque, qui capitalisera dès lors sur son modèle devenu immortel.

Rencontre du cinquième type

Un autre élan de passion va être déclenché par la maison Jaguar. La marque s'est depuis longtemps distinguée par ses fameux modèles XK 120, XK 140 et XK 150, tandis que les années 1950 furent riches en succès en compétition, avec pas moins de quatre victoires aux Vingt-Quatre Heures du Mans grâce aux fantastiques Type C puis Type D. Ce dernier modèle va d'ailleurs inspirer les créateurs du constructeur, qui lui donneront une descendance civile avec la somptueuse XK SS. Un incendie dans l'usine où la voiture était fabriquée ravagera tout le stock de pièces, ne permettant finalement d'en produire que seize exemplaires et propulsant immédiatement ce modèle au rang de collector. Quatre années après sa sortie, c'est une machine avec les mêmes gènes, mais cette fois destinée au Grand Tourisme sportif, qui est présentée au public sous l'appellation Type E. Comme treize ans plus tôt avec la XK 120, c'est le souffle coupé que les observateurs accueillent le bolide. Son immense capot basculant vers l'avant est comme sculpté par le vent, rejetant loin en arrière l'habitacle, dont la partie postérieure se prolonge

jusqu'au pare-chocs. Tandis que la nouvelle se répand dans le monde de l'automobile comme une traînée de poudre, le public et les médias ne sont pas au bout de leurs surprises. La dernière Jaguar n'est pas seulement un style qui se décline en coupé ou en cabriolet, mais elle possède aussi une noble mécanique, sous la forme d'un six-cylindres en ligne de 3,8 litres qui a fait ses preuves avec les XK. Le châssis, également tout nouveau, est fait d'une monocoque en tôle d'acier qui vient prendre place sur un train avant à roues indépendantes. La GT anglaise, capable de croiser à 240 km/h malgré ses 1 200 kilos, est freinée par des disques : une évidence pour une marque pionnière en la matière, puisque c'est elle qui a lancé les premiers équipements de ce genre, utilisés en course sur les Type D. Cerise sur le gâteau, la belle est également proposée à un tarif nettement plus compétitif que toutes ses rivales du moment. Décidément, sir William Lyons et ses troupes ont encore joué un sacré tour à tout ce que compte la planète automobile !

Carroll et le Cobra

Pas de quoi affoler, cependant, un certain Texan, qui, de l'autre côté de l'Atlantique, prépare une réplique à ces conquérantes sportives européennes. Des machines qu'il connaît bien, pour les avoir pilotées et même menées au succès. Vainqueur des Vingt-Quatre Heures du Mans 1959 sur Aston Martin, Carroll Shelby, puisque c'est de lui qu'il s'agit, a dû raccrocher son casque pour cause de fragilité cardiaque. Notre homme rêve de devenir constructeur d'automobiles, mais pas du genre de celles que l'on croise à chaque carrefour. Il imagine plutôt une bête de puissance, une machine apte à fixer de nouvelles valeurs en termes d'accélération. Les relations de Shelby, acquises pendant sa carrière de pilote, vont lui permettre d'aller frapper aux portes de quelques célèbres fournisseurs. Pas en Italie, toutefois, et surtout pas chez Ferrari, firme avec laquelle il est en froid. Vexé qu'un pilote puisse négocier les conditions de sa rémunération au lieu d'être simplement honoré que la marque au cheval cabré s'intéresse à lui, Enzo Ferrari s'est en effet accroché avec le Texan. Aussi, c'est en Angleterre, fief de ces nombreux artisans dédiés à l'automobile sportive, que Shelby va trouver son bonheur, plus précisément auprès de la marque AC, qui a bien besoin de redorer son blason. Classicisme technique d'un côté, monstruosité mécanique de l'autre, tel est le cocktail que va imaginer et obtenir l'Américain. Pour ce faire, il va convaincre Ford de lui confier deux V8 de 4,2 litres de cylindrée. Les premiers tests ont lieu fin 1961, et la production

Ici entre une version civile et une version de course de l'AC Cobra, Carroll Shelby a réalisé son rêve de devenir constructeur !

En 1964, l'AC Cobra 289 dispose d'un moteur de 4,7 litres sous son capot. Plus tard viendra un 7 litres…

Le volant est un accessoire très précieux à bord des AC Cobra, tant pour s'y cramponner que pour maîtriser la bête sauvage !

de celle qui va être baptisée AC Cobra débute doucement dans le courant de l'année 1962. Mais Shelby, loin d'être rassasié, souhaite encore davantage de chevaux pour son roadster. Après un 4,7 litres installé dans la Cobra Type 289, c'est rien moins qu'un 7 litres directement issu des mécaniques de course qui va trouver place sous le capot de la petite anglo-américaine. Place est un bien grand mot, toutefois, tant le bolide en a manqué pour accueillir l'énorme V8. Les premiers tours de roue virent davantage à une séance de rodéo qu'à un exercice de pilotage. La puissance sauvage rend le châssis impossible à conduire. De profondes modifications sont mises en œuvre, avec des voies avant élargies et des suspensions modifiées. Enfin stabilisée, la Cobra 427 devient exploitable à défaut d'être civilisée, ses accélérations de dragster la propulsant, en 1965, de 0 à 100 km/h en 4,6 secondes ! Mélange de deux cultures, l'AC Cobra est en route pour le Panthéon de l'automobile, tandis qu'un millier d'exemplaires seront construits, avant d'être complétés par d'innombrables répliques plus ou moins fidèles. Shelby aura donc gagné son pari de pilote devenu constructeur, et ce doublement. En 1965, la Cobra Daytona, version coupée des automobiles de Shelby, remportera le titre mondial en Grand Tourisme après avoir, au préalable, dominé… Ferrari !

Une Ford débridée

Mais nul n'est besoin d'être élitiste ou exclusif pour devenir une icône dans ces années 1960 ; un modèle parfaitement adapté à la demande du marché peut également le devenir grâce à ses qualités et à son image. C'est cette délicate alchimie que va réussir Ford avec sa mythique Mustang. Titulaire d'une formation d'ingénieur, Lee Iacocca s'est surtout révélé par ses talents de commercial, qui lui ont valu d'évoluer rapidement au sein

C'est probablement dans sa version fastback que la Ford Mustang est la plus attirante.

« La voiture qui m'impressionnait au cours des années 1960 était la Ford Mustang. En France, c'était la voiture des vedettes. Éric Charden, que je côtoyais régulièrement, en avait une. Il me la prêtait gentiment, et je me souviens encore du bruit d'aspiration des carburateurs qui devaient, j'imagine, consommer beaucoup. C'est amusant de constater à quel point une voiture pouvait être attachée à un statut. À l'époque, quand vous aviez une Mustang, c'est que, à première vue, vous étiez dans le show business ! »

de la marque Ford, jusqu'à en devenir vice-président en 1960. Après l'ère des immenses voitures américaines au design tapageur et aux carrosseries bardées de chromes, notre homme veut faire réfléchir Ford à une voiture sportive destinée aux jeunes et à leur famille naissante, une cible peu sollicitée jusque-là. En 1961, un vaste programme d'études est lancé sous la forme de questionnaires et de sondages auprès de la population. Cette analyse des attentes du marché, que l'on ne nomme pas encore « marketing », confirme en tout cas la demande d'une sportive à un prix modéré et aux lignes modernes. Mais, outre son parfait positionnement au regard des désirs des consommateurs, le génie de la future Ford viendra également de son concept de production. Pour rester en deçà de la barre d'un prix de vente fixé à 2 500 dollars, les concepteurs de la Mustang vont faire appel à de nombreux éléments de modèles déjà existants, comme les Ford Fairlane et Falcon. Le design, quant à lui, doit trancher par rapport à toutes les réalisations précédentes et exprimer la sportivité, soulignée par une carrosserie à deux portes uniquement. Soigneusement orchestré par une immense campagne publicitaire et médiatique, le lancement de la nouveauté – au nom d'un cheval aussi rapide que sauvage – est programmé pour le 17 avril 1964. Proposée en deux versions, coupé ou cabriolet, la Mustang s'affiche à 2 368 dollars, somme finalement en dessous du plafond fixé par Iacocca.

C'est une véritable frénésie qui s'empare de l'Amérique, dont la jeunesse s'identifie totalement à cette nouvelle voiture, si différente du reste du

Berline avec hardtop (à l'arrière-plan), cabriolet (au centre) ou coupé fastback 2 + 2 (au premier plan), le catalogue du millésime 1965 des Ford Mustang en offre pour tous les goûts.

Voiture parfaite pour la côte Ouest des États-Unis, la Mustang n'a pas fini de faire rêver des générations d'automobilistes du monde entier…

Loin du gigantisme et de la démesure traditionnelles des voitures américaines, la Ford Mustang joue la carte de la sobriété, avec son gabarit très européen.

marché. Cette différence, l'acquéreur pourra également la cultiver à travers une liste d'options interminable, là aussi une grande première dans l'histoire de l'automobile. Une Mustang de base peut ainsi évoluer vers une personnalisation très poussée au niveau des équipements et, très vite, des motorisations, le tout alourdissant nettement la facture initiale. L'air conditionné, les freins à disques ou l'assistance au freinage sont notamment au programme des options de ce modèle : Ford vient d'inventer la voiture d'image, mais aussi le produit d'appel, avec une version de base offerte à un prix très attractif. Outre le six-cylindres d'origine, un V8 vient compléter une véritable gamme, tandis que l'inévitable Carroll Shelby, le père des AC Cobra, va lui aussi apposer sa griffe sur la Mustang avec l'inoubliable GT 350 et son V8 4,7L développant 306 chevaux. Installée dans la superbe carrosserie fastback venue compléter l'offre, cette version très épicée va lancer la mode des *muscle cars*, ces voitures américaines sportives issues de la grande série et propulsées par de puissantes mécaniques leur autorisant des accélérations hors normes. L'histoire retiendra que la société de location Hertz commandera 936 exemplaires de la GT 350 Shelby, reconnaissable à sa double bande dorée au centre de la carrosserie. Une véritable aubaine pour certains clients qui, le week-end venu, vont pouvoir louer cette fabuleuse machine pour participer à des courses !

Après ses productions personnelles et l'AC Cobra, Carroll Shelby apportera également une once de venin à bord des très spéciales Mustang GT 350.

D'évolutions en révolutions

Le marketing et la communication imposent de nouvelles règles et de nouveaux codes à l'automobile. Dans la fièvre des bureaux d'études, l'innovation sous toutes ses formes fait à présent partie du quotidien des constructeurs. Le résultat sera fantastique ou… insolite!

Le 22 août 1962, le chef de l'État Charles de Gaulle en termine avec le Conseil des ministres et prend la route de la base militaire de Villacoublay, où un hélicoptère l'attend pour l'emmener à sa résidence personnelle de Colombey-les-Deux-Églises. Il est accompagné de son épouse Yvonne, de son aide de camp et gendre Alain de Boissieu, et du chauffeur de sa Citroën ID 19, une auto que le général affectionne particulièrement pour sa modernité et son vaste espace intérieur lui permettant d'y installer confortablement sa haute stature. Une autre ID le suit, avec ses gardes du corps, ainsi que deux motards de la police. À 20 h 10, peu avant le rond-point du Petit-Clamart, c'est une double embuscade qui attend le convoi présidentiel. Arrivée à la hauteur d'une Estafette Renault, l'ID essuie les tirs de plusieurs fusils-mitrailleurs embusqués à bord de l'utilitaire, tandis que, quelques mètres plus loin, une autre Citroën s'intercale entre celle du général et la voiture suiveuse, ouvrant également le feu. S'ensuit une fusillade nourrie : cent cinquante coups sont tirés vers la voiture de tête. Six impacts de balles sont relevés sur celle-ci, et au moins un projectile a traversé le véhicule de part en part, évitant de peu ses occupants, qui s'étaient instinctivement baissés.

En août 1962, l'ID 19, ici inspectée quai des Orfèvres, et le général de Gaulle reviennent de loin après l'attentat manqué du Petit-Clamart.

Des chevrons et des poulets

Tout à fait maître de la voiture malgré deux pneus crevés, François Marroux, le chauffeur du président, a réussi à accélérer pour rejoindre au plus vite Villacoublay, à quelques kilomètres de là. Le général et son épouse sortent indemnes de cette opération baptisée Charlotte Corday, qui visait à frapper au plus haut niveau l'État français, en représailles aux accords d'Évian, qui signaient la fin des combats de la guerre d'Algérie et entérinaient l'indépendance du pays.

Imperturbable, Mme de Gaulle prononcera quant à elle cette phrase qui restera dans l'histoire : « J'espère que les poulets n'ont rien. » Il n'était pas alors question des policiers escortant le convoi, mais plutôt des volailles en gelée de chez Fauchon placées dans le coffre de la Citroën ! L'image de cette ID 19, pneus crevés et criblée de balles, restera longtemps gravée dans les esprits et fera une énorme publicité à la DS, qui, dès 1955, avec ses suspensions pneumatiques, sa boîte de vitesses semi-automatique et son design futuriste, paraît avoir vingt ans d'avance sur le reste de la production automobile. En 1967, la face avant de cette Citroën de légende sera modernisée, adoptant une calandre à double optique, les phares intérieurs tournant en même temps que le volant dans les virages pour une meilleure vision de la route. À l'instar de la novatrice DS, l'automobile des années 1960

Les Citroën DS ou ID, comme celle-ci, prise en photo devant l'Arc de triomphe, bénéficient d'une véritable aura dans le paysage automobile des années 1960.

va connaître une évolution technique sans précédent. Après la simple joie, au lendemain de la guerre, de posséder quatre roues et un volant, le client se veut désormais plus exigeant. Outre une ligne à la mode, il souhaite davantage de puissance et de confort, et donc d'équipements, qualités qui sont à l'époque, il faut bien l'avouer, extrêmement limitées sur les marques françaises, en comparaison avec les rutilantes américaines, proposant moult gadgets flattant les sens du conducteur et de ses passagers. Par exemple, la Ford Mustang, largement diffusée en Europe, propose dans son catalogue des équipements rares ou totalement inédits sur le Vieux continent. On y trouve entre autres options le rally-pack avec montre et compte-tours, l'air conditionné, l'autoradio, munie de son antenne se déployant et se rétractant automatiquement, les vitres teintées ou les feux de recul, autant d'éléments de confort qui vont progressivement se généraliser dans les prochaines décennies. Travaillant sans relâche dans de multiples directions, les bureaux d'études fourmillent de nouvelles idées. Tandis que des marques comme Alpine et Lotus font largement appel à la fibre de verre dans la conception des carrosseries de leurs productions, d'autres constructeurs empruntent des voies inédites. C'est le cas d'une entreprise connue avant tout pour ses camions et ses autocars, mais qui cherche à trouver une place au soleil du marché automobile en diffusant dans une certaine discrétion des voitures dignes d'intérêt. Digne d'intérêt, la Daf 33, qui fait office d'entrée de gamme, ne l'est pas forcément par sa ligne, plutôt banale, mais bien par la technologie inédite à laquelle fait appel sa transmission. Développé par Hub van Doorne, cofondateur de la marque avec son frère Willem, le système Variomatic va, plusieurs années durant, assurer un certain succès à ces autos d'origine néerlandaise. Cette technologie novatrice consiste en quatre poulies reliées entre elles par deux courroies, les deux premières entraînant les roues, les deux autres étant reliées au moteur. Selon le régime de ce dernier, les poulies avant et arrière s'ouvrent ou se referment alternativement, faisant ainsi varier de manière infinie le type de rapport sur lequel se transmet la puissance. La Daf peut alors se passer de pédale d'embrayage ainsi que de différentiel, le ripage des roues sur le sol et celui des courroies sur les poulies remplaçant avantageusement son effet. Les Daf 33, puis, par la suite, des modèles un peu plus volumineux et puissants, telles la 44 ou la 55, se distingueront en rallye, notamment en hiver, grâce à une excellente motricité garantie par cette transmission inédite.

L'ensemble de la gamme DS est vaste… De quoi dessiner un double chevron, emblème historique de Citroën.

La Citroën DS et l'avion Caravelle sont deux grands fleurons de l'industrie française des années 1960.

Le pari de l'innovation

Outre Daf, une autre marque prend le risque de mettre en production un type de motorisation jusqu'alors méconnu. NSU est une enseigne au riche passé, fait de fabrication de

Sœur aînée de la Daf 33, la version 44 disposait elle aussi de l'originale transmission Variomatic.

vélos et de motocyclettes. Après une première tentative à quatre roues avortée, le constructeur allemand se relance sur le marché de l'automobile avec son modèle Prinz à la fin des années 1950. Le succès est au rendez-vous, et il va pousser la société basée à Neckarsulm à avancer dans sa recherche d'un nouveau type de motorisation. Ainsi, c'est au Salon de Francfort 1967 qu'est présentée la NSU Ro 80. Esthétiquement d'abord, la voiture allemande rompt avec les standards habituels. Son dessin présente un mélange de galbes et de pans coupés. Il se signale par un capot avant plongeant et une malle arrière réhaussée, tandis que la surface vitrée est très importante. Moderne dans sa ligne, la NSU l'est également dans ses choix techniques. Cette grande berline adopte des freins à disques et une transmission par les roues avant. Elle est également dotée d'équipements rares pour son époque, tels les phares antibrouillard, les feux de recul ou une lunette arrière dégivrante.

Mais c'est surtout sous le capot de la NSU qu'il faut aller chercher son grand secret. Le modèle adopte, en effet, un moteur rotatif. Cette technologie n'est pas nouvelle à proprement parler, car elle a été introduite dès le début du XXe siècle. L'ingénieur Felix Wankel en a fait son combat au cours des années 1950, finissant, à force d'évolutions, par convaincre NSU de l'intérêt de ses travaux. Le principe consiste en un piston triangulaire tournant dans sa chambre de combustion et reproduisant le cycle d'une mécanique à quatre temps. Plus besoin de soupapes d'admission et d'échappement, moins de vibrations grâce à un nombre réduit de pièces en mouvement, moins de bruit, également… Le moteur rotatif a pour lui bien des arguments. C'est un système birotor qui équipe la NSU, et, tout en représentant l'équivalent d'une mécanique de 2 litres de cylindrée, il est moins encombrant qu'un propulseur traditionnel, pour le plus grand bénéfice de la surface de l'habitacle. L'accueil par la presse de la Ro 80, en cette année 1967, est extrêmement prometteur, l'allemande étant saluée par le titre d'automobile de l'année. Outre ses qualités techniques, complétées par une boîte à trois vitesses semi-automatique, la NSU a de quoi enthousiasmer

Si les petites Daf d'origine néerlandaise, comme ici le modèle 55, ont été un peu oubliées dans l'histoire de l'automobile, elles n'en étaient pas moins intéressantes sur le plan de leur conception.

son conducteur par ses qualités routières de très haut niveau, avec ses quatre roues indépendantes et sa vitesse de pointe de 180 km/h, une valeur encore peu courante à l'époque. La réalité, toutefois, n'est pas aussi séduisante, car, à l'usage, la Ro 80 s'avère gourmande en carburant, tandis que ses rotors souffrent d'une usure prématurée, impliquant leur remplacement tous les 30 000 kilomètres. NSU respectera sa garantie jusqu'au bout, ce qui aura pour effet d'appauvrir sa trésorerie, aboutissant à un rachat de la marque par le groupe Volkswagen-Audi en 1977, signant l'arrêt du programme rotatif.

Cette technologie aura cependant interpellé d'autres marques, à commencer par Citroën, toujours en quête d'innovations, au point que le constructeur français a passé des accords de collaboration avec NSU pour le développement de son moteur Wankel. On retrouvera ce dernier sur la base d'un prototype d'Ami 8, transformé en coupé deux portes et dénommé M35. Une petite série sera commercialisée à titre expérimental, afin d'en parfaire la mise au point aux mains des clients. Mais, peu fiables et délicates à démarrer, la plupart des M35 seront bientôt rappelées pour être détruites.

En 1967, la NSU Ro 80 fut élue voiture de l'année. Qui s'en souvient ?

Le moteur rotatif conservera néanmoins ses partisans, à commencer par Mazda, qui l'exploitera à partir des années 1970, et pour une longue période.

Tempête chez GM

Tandis que le parc automobile croît et se multiplie en ces années 1960, se pose de plus en plus le problème crucial de la sécurité routière. Outre un réseau qui doit s'adapter,

Fine et racée, avec un centre de gravité très bas, la Ro 80 offrait une excellente tenue de route et des performances de premier ordre.

Avec la Corvair, Chevrolet voulait concurrencer les voitures européennes, mais la marque s'attira surtout les foudres de Ralph Nader et la méfiance du public.

avec des voies mieux balisées et permettant plus de fluidité du trafic, les constructeurs vont également devoir inventer de nouveaux standards sur le plan de la sécurité, active et passive, de leurs véhicules. À ce titre, un homme va particulièrement faire parler de lui, devenant peu à peu le cauchemar de l'industrie automobile américaine. Avocat de formation, Ralph Nader est en train de devenir célèbre pour ses combats au bénéfice des consommateurs. Si notre homme n'a jamais passé son permis, il ne s'en intéresse pas moins au quatre-roues. Non pour son attrait ou les services qu'il rend, mais plutôt par le danger qu'il représente pour la population, avec un chiffre annuel de 49 000 accidents mortels sur le sol américain. Publiant en 1965 un virulent ouvrage, *Unsafe at Any Speed* (« dangereuse à n'importe quelle vitesse »), Nader dénonce le laxisme des constructeurs américains en terme d'évolutions techniques. Il leur est reproché, sur l'autel du profit, de concentrer leurs efforts sur de fréquents restylages plutôt que sur l'amélioration du comportement et de la sécurité de leurs véhicules. Un modèle est plus particulièrement montré du doigt, la Chevrolet Corvair, cette compacte de chez GM censée concurrencer les petites européennes en général, et la Volkswagen Coccinelle en particulier. Comme l'allemande, la Corvair a le moteur placé en position arrière, et il est refroidi par air. Du fait de trains roulants assez archaïques, avec, par exemple, le principe de l'essieu brisé à l'arrière, la Corvair souffre de

« Les années 1960 furent celles d'un grand renouvellement de notre parc automobile. Chacun avait soif de consommer dans une totale liberté. Il n'y avait pas beaucoup de contraintes, de réglementations. On était donc à l'affût des nouveautés techniques, et on en parlait entre hommes d'un air entendu pendant des heures. L'automobile était un de nos sujets de conversation favoris. On comparait les performances de certaines voitures, on évoquait les problèmes d'autres. Mais il est également évident que, avec un trafic routier en nette hausse, il fallait évoluer vers davantage de sécurité, aussi bien à bord que dans l'environnement des véhicules. Certaines portions de route étaient notamment très dangereuses, souvent faute de signalisation. »

C'est de Suède que viendra l'invention de la ceinture de sécurité à trois points de fixation, une avancée fondamentale dans le domaine de la sécurité automobile.

variations de carrossage selon son allure, ce qui rend son comportement parfois imprévisible. Dénonçant un nombre important d'accidents, Nader accuse la Corvair d'être la voiture la plus dangereuse de sa génération. On a pourtant corrigé le tir chez Chevrolet, avec des trains avant et arrière revus à partir de 1965, et General Motors essaiera plus tard de discréditer Nader en l'impliquant dans des histoires dignes de romans policiers, dont l'accusé sortira blanchi, et gratifié d'une image de défenseur incorruptible des consommateurs à travers son association, Public Citizen. Cette affaire, en tout cas, aura bien entendu des effets dévastateurs sur le succès de la Corvair, poussant les institutions américaines à introduire bientôt des normes nettement plus sévères en termes de sécurité et de pollution.

Les pionniers de la sécurité

Deux constructeurs n'ont pas attendu une telle pression médiatique pour se soucier du comportement de leurs voitures, et leur politique bénéficiera longtemps à leur image aux yeux du public. Les « bretelles protectrices pour véhicules automobiles » ne sont pas une invention récente. Dès le début du XXe siècle, le Québecois Gustave-Désiré Lebeau en a déposé le brevet, faisant notamment ses preuves dans le domaine aéronautique. Mais, jusqu'à la fin des années 1950, on parle de ceintures à deux points de fixation, ne maintenant le passager qu'au niveau du bassin. C'est en cherchant à protéger également la partie du buste que l'ingénieur suédois Nils Bohlin invente la ceinture à trois points de fixation. En cas de choc, c'est

Après avoir été le premier constructeur à proposer la ceinture à trois points sur ses modèles, Volvo défendra longtemps l'image d'une marque soucieuse de la sécurité active et passive de ses modèles.

désormais l'ensemble du corps qui est maintenu. Engagé par le constructeur Volvo, sensible au thème de la sécurité routière, Bohlin va pour la première fois adapter une ceinture à trois points sur un des modèles de la marque. Nous sommes le 13 août 1959, et c'est le modèle PV544 qui hérite en précurseur de cet équipement révolutionnaire. Les autres modèles de la marque en seront peu à peu équipés, avant que le constructeur de Göteborg ne commercialise son brevet auprès de ses concurrents. Reconnue par tous pour son efficacité, l'obligation du port obligatoire de la ceinture attendra pourtant le début des années 1970 pour se voir définitivement généralisée dans de nombreux pays.

En 1959, millésime décidément prolifique en réflexions sur le thème de la sécurité, un autre constructeur s'est également posé en pionnier. Le 10 septembre 1959, une berline Mercedes Type W111 est projetée contre un obstacle fixe afin d'évaluer les dégâts occasionnés sur la voiture et sur le mannequin installé à bord. La firme à l'étoile vient d'inventer le premier crash test, qui deviendra par la suite un passage obligé pour tout véhicule destiné à être commercialisé.

Question sécurité automobile, Mercedes n'est pas en reste : sa Type W111 reste la première voiture de série à avoir affronté le crash test, en 1959.

Le temps des designers

Portées par les progrès techniques et un vent de prospérité qui semble alors infini, les années 1960 seront sans complexe sur le plan du design. Toutes les formes se doivent d'être visitées, l'automobile, incontournable marqueur industriel et social, en étant bien entendu un des moyens d'expression les plus notoires.

Baroque, aux galbes prononcés, l'automobile des années 1950 se devait d'être tout en rondeurs. Dans cette époque des *sixties,* où l'on note l'émergence de designers célèbres qui, à eux seuls, font ou défont le succès d'un modèle, de nouvelles références en matière de style et de design voient le jour. Abandonnant les courbes de la décennie précédente, qui faisaient parfois référence à des engins marins, les quatre-roues voient leurs lignes se tendre doucement, les plis de carrosserie s'accentuant et les courbes se brisant peu à peu.

Cette tendance, Citroën l'a déjà étrennée avec sa DS et sa face avant en pointe et dépourvue de calandre. Mais, entre son vaisseau amiral et sa très populaire 2 CV, dont les lignes commencent à dater, un sérieux trou se fait jour dans l'offre du constructeur français. Il est comblé en 1961 avec l'arrivée d'un nouveau modèle répondant au doux nom d'Ami 6. La curiosité du public est grande, tant les nouveautés signées par Citroën ont marqué les esprits depuis maintenant près de trente ans. Et l'effet de surprise est bien là lorsque le public découvre le

Enlevez la partie postérieure du toit du break Ami 6, et vous retrouverez quasiment la ligne si particulière de la berline.

Responsable du style chez General Motors, Bill Mitchell pose ici à côté des deux inspiratrices de la Corvette Sting Ray : le concept Sting Ray de 1959 (en haut) et la Corvette Mako Shark, concept datant de 1961.

modèle. Avant même d'étaler ses caractéristiques, la nouvelle venue ne laisse personne indifférent. De face, on note un capot très creusé et encadré de deux larges optiques ovales, elles-mêmes surmontées d'un bourrelet de carrosserie allant d'une aile à l'autre. Et il suffit de faire trois pas pour qu'une autre particularité de l'Ami 6 frappe le spectateur. Cette Citroën est bien une trois-volumes, avec un coffre totalement distinct de l'habitacle, au contraire d'une 2 CV ou de la toute nouvelle Renault 4.

La force du Z

La spécificité de la vue de profil se situe surtout dans le dessin de la lunette arrière qui, dans le but de dégager de l'espace – autant pour l'habitacle que pour le coffre –, offre un profil inversé. Son inclinaison, d'environ 30 degrés, est similaire à celle du pare-brise, donnant l'impression que l'ensemble du pavillon a été repoussé vers l'arrière par la force du vent. Un tel dessin, inspiré de l'Anglia de chez Ford, a permis d'optimiser la surface de l'habitacle, la banquette arrière se privant notamment d'une plage postérieure. Il offre également l'aspect d'une voiture d'assez grand volume en comparaison de ses rivales, au premier rang desquelles figure la Renault Dauphine. Le coffre, perché assez haut, profite aussi de cette astuce pour donner une intéressante capacité de chargement. Sur un plan technique, on peut considérer l'Ami 6, qui sera produite dans la nouvelle usine de Rennes, comme une « super 2 CV ». Elle en reprend la plate-forme et les suspensions, mais elle est agrémentée d'une mécanique un peu plus performante, avec un bicylindre à plat de 602 cc.

Si le public adhère à ce dessin osé, véritable sculpture signée du designer maison Flaminio Bertoni – auteur des précédentes 2 CV et DS –, il adopte néanmoins surtout, et

La magnifique Corvette Sting Ray première version se reconnaît à sa fameuse lunette arrière en deux parties.

Rompant radicalement avec le style de sa devancière, la Chevrolet Corvette version Sting Ray présente un dessin totalement inédit, avec des formes très aplaties.

sans réserve, l'Ami 6 version break, disponible à partir de 1964. On peut déceler là, sans doute, la preuve d'une certaine réticence face au fameux profil en Z de l'Ami 6…
Dans le même temps, un autre moment fort du design automobile des années 1960 prend forme de l'autre côté de l'Atlantique. Après avoir souffert de la concurrence de la Ford Thunderbird, la Chevrolet Corvette a peu à peu repris le flambeau de l'automobile sportive américaine face à l'invasion des marques européennes, telles Jaguar, Porsche, MG ou Triumph. Après le style ponton de la première version, qui présentait des influences issues du nautisme, les stylistes de General Motors, sous la houlette de l'ingénieur Zora Arkus-Duntov, ont revu le dessin de la Corvette pour accentuer l'aspect sportif dans la seconde moitié des années 1950. Pour le troisième opus du modèle, le changement va être radical. Reprenant une étude initiée en 1957, le nouveau directeur du style, Bill Mitchell, présente sa copie en 1963 à travers la version Sting Ray de la Corvette. Sans aucun lien avec ses aînées, la fameuse américaine aborde de nouveaux thèmes en termes de dessin, mixant galbes et angles vifs. Ramassée sur elle-même, la GT Chevrolet offre un style extrêmement travaillé. L'originale face avant masque quatre optiques installés dans des blocs escamotables et, derrière le long capot, bordé d'ailes saillantes dans leurs parties supérieure et latérale, se dresse un cockpit dont la partie arrière se prolonge jusqu'au pli le plus extrême du coupé. Reconnaissable entre mille, la lunette arrière de la Corvette est séparée en deux par une sorte d'épine dorsale se rétrécissant à son tour jusqu'à l'extrémité postérieure. Si la visibilité de la partie arrière souffre d'un tel appendice, cette particularité restera à jamais comme la signature stylistique de cette automobile offrant une inédite impression de puissance. Cette impression est confirmée par les motorisations proposées par le constructeur américain, qui apporte à ce plumage sublime un ramage non moins dévastateur !

L'influence française

Après l'école américaine, toujours source d'inspiration, le stylisme français n'est pas en reste au cours de cette décennie. Comme un dernier témoignage d'une époque révolue,

L'intérieur cossu de la DS cabriolet, associé à la fameuse suspension pneumatique du véhicule, promet des déplacements dans un confort inégalable.

Nul besoin d'artifices pour apprécier l'élégance de la DS cabriolet, simplement privée de son toit et dotée d'un capot arrière un peu plus plongeant.

c'est en 1960 que l'une des plus belles voitures de sa génération voit le jour. Elle n'est pas l'œuvre d'un bureau de style, mais celle d'un carrossier, comme à la belle époque ! En partant d'une base de Citroën DS, Henri Chapron va créer une version cabriolet originellement imaginée par le concepteur du modèle, Flaminio Bertoni, mais finalement reportée. La base parfaite de la voiture va permettre à Chapron de se contenter d'un minimum de modifications. Hormis la suppression du toit et la modification du coffre, la DS cabriolet reprend tout de la berline. Bénéficiant des lignes élancées de la carrosserie d'origine, la « Chapron », baptisée Croisette, y ajoute l'élégance du cabriolet, donnant au modèle de base les dernières lettres de noblesse qui lui manquaient. Séduite par le résultat, l'usine décidera d'élaborer elle-même sa propre version cabriolet de sa voiture vedette, tout en continuant de faire profiter le carrossier de châssis à habiller. Difficile, en effet, de refuser cette faveur à celui qui a ouvert la voie avec ses précédentes réalisations, tout en fournissant, avec sa DS cabriolet, l'Élysée pour ses voitures d'apparat ! À l'image de la série spéciale destinée au chef de l'État, les rares versions signées Chapron se distinguent par leurs ornements chromés sur les flancs de carrosserie, un pare-brise surbaissé et des selleries spécifiques.

Après le carrossier Chapron, un autre Français va marquer son époque par ses réalisations. Formé à l'école Boulle, Paul Bracq a intégré les rangs du bureau de style de Mercedes en 1957. Sur la plate-forme raccourcie de la

« Cette décennie symbolise la disparition, déjà bien entamée dans les années 1950, de ce que l'on appelait les carrossiers. On parle à présent de produits finis destinés à une petite ou une grande diffusion. Cela ne veut pas dire que les recherches en matière de dessin soient délaissées, bien au contraire. On est désormais dans l'ère des designers, qui, par leurs réalisations, vont dicter les tendances d'un nouveau style. Difficile de déterminer si ces influences viennent davantage d'Italie, d'Amérique ou de France, mais les lignes des années 1960 s'annoncent plus anguleuses, tout en étant, dans le même temps, plus sobres. »

Ici présentée au Salon de l'automobile de Genève, en 1963, la Mercedes 230 SL laisse admirer ses lignes rectilignes, marqueur du design des années 1960.

berline 220, Bracq va dessiner un roadster deux places destiné à remplacer les deux extrêmes du Grand Tourisme que furent la 190 SL et la 300 SL. Abandonnant totalement les formes des deux icônes de la marque à l'étoile, le designer va s'appliquer à concilier fluidité et lignes tendues sur le futur modèle de la firme allemande. Et l'histoire retiendra que, à la suite d'une erreur de conception, la plate-forme s'est avérée trop étroite par rapport aux trains roulants, obligeant les hommes de Mercedes à élargir le passage des roues. Loin d'être une catastrophe, cette anomalie ne fera que renforcer l'élégance de la 230 SL, avec ses fameux phares avant sous globe. Mais, plus que les lignes effilées, caractérisées par une grande sobriété, c'est le traitement du pavillon de la voiture qui lui apportera une incomparable touche d'originalité. Renonçant à un classique toit bombé, Bracq dessine au sommet de la carrosserie une forme concave aux bords relevés, qui vaudra au modèle le surnom de « Pagode ». Souligné de fins montants amplifiés par une ceinture

En lançant sa nouvelle gamme SL, Mercedes doit réussir le délicat pari de remplacer les deux fantastiques voitures que furent la 300 SL et la 190 SL.

de caisse surbaissée, l'inédit pavillon de cette 230 SL offre une étonnante surface vitrée pour une auto de son gabarit, donnant à l'ensemble une élégance qui séduira aussi bien la clientèle masculine que la gent féminine. Mais, après la berline compacte, le coupé, le roadster sportif ou encore le cabriolet de charme, les années 1960 furent également l'eldorado des puissantes voitures sportives venues d'Italie, autre pays majeur du design automobile.

Signée Paul Bracq, la SL, avec son fameux toit « pagode », va rentrer dans l'histoire de l'automobile.

Une épée très acérée

Après la légendaire Miura de 1966, un difficile challenge est proposé au bureau de style Bertone. Plus que jamais, Ferruccio Lamborghini souhaite concurrencer son rival Enzo Ferrari et envisage pour ce faire le lancement d'une sportive à quatre places. Concilier espace suffisant pour embarquer quatre adultes à bord et design d'une sportive racée n'a jamais été un exercice aisé. Le challenge est relevé par Marcello Gandini, alors jeune dessinateur du studio Bertone. De sa table à dessin aboutira un résultat spectaculaire issu du concept car Marzal, qui parviendra à offrir dynamisme et fluidité à l'ensemble. Il en résulte un véritable vaisseau de la route, long de 4,74 mètres et capable d'emmener à son bord quatre adultes à plus de 240 km/h. Les autres usagers de la route auront juste eu le temps de voir fugitivement une calandre agressive les doubler, avant de voir s'enfuir au loin une immense lunette arrière dont le vitrage se poursuit au-dessus des feux postérieurs. Quatre échappements chromés complètent cette incroyable vision d'une machine crachant le feu d'un puissant V12 de 325 ch placé à l'avant, sous l'immense capot basculant, comme sur la Jaguar Type E. Cette magique Espada – « épée », en espagnol – sera l'une des ultimes représentantes de l'inoubliable style des années 1960.

Aussi spectaculaire qu'agressive, la Lamborghini Espada dessinée par Bertone marie un design d'exception à la fonctionnalité d'une quatre-places.

La référence française

Après le mode survie de l'après-guerre, les constructeurs hexagonaux peuvent enfin entrevoir un avenir radieux. Confortés dans leurs choix et dans leurs stratégies, ils vont tous s'attacher à analyser et à décortiquer les envies d'un marché en plein essor. Leur croissance, et donc leur survie, sont à ce prix.

Cette Matra 530 nous adresse comme un clin d'œil d'une époque bénie de l'automobile, les années 1960.

Les constructeurs font leurs gammes

Entre études, essais et validations en tout genre, le temps de conception d'une automobile se compte désormais en années. Il devient dès lors risqué de tout miser sur un modèle unique, alors que la demande se fait plus exigeante et plus précise. Comme leurs voisines européennes, les marques françaises doivent à présent devenir généralistes.

L'heure est à la séduction. Révolte et contestation ne sont pas encore à l'ordre du jour au début des années 1960 mais, déjà, s'exprime un désir de consommer différemment. La génération des baby-boomers n'a plus forcément le souhait de copier l'exemple de ses parents et aînés. Des envies de changements et de nouveautés commencent à flotter sur la société. Une tendance que les commerciaux, les publicitaires et les hommes de la communication ont bien anticipée en développant de nouveaux produits, qui se veulent non plus seulement pratiques, mais aussi beaux et ludiques, au grand plaisir d'un public dont le pouvoir d'achat va croissant.

Portes ouvertes sur le monde… Moderne dans ses lignes et ses prestations, la Simca 1000 est bien dans son temps.

Ce virage vers ce que l'on appellera un peu plus tard le consumérisme, accentué par une certaine frénésie dans l'acte d'achat, les constructeurs automobiles sauront le prendre, à l'image des marques françaises, qui vont toutes s'attacher à déployer une large gamme. Tout en restant généralistes, elles vont se positionner au cours des années 1960 sur différents segments du marché, avec un penchant certain pour les modèles compacts de très grande diffusion, ce type d'offre devenant durablement la marque de fabrique des constructeurs de l'Hexagone.

Quand Simca mène la danse

Chez Simca, on s'est affranchi depuis longtemps de la tutelle de Fiat, après avoir des années durant assemblé sur le sol français des modèles identiques à ceux vendus sur le marché italien. À la suite du succès des Aronde ou Ariane, Simca débute les années 1960 avec le projet d'une voiture populaire. S'inspirant de la réussite des Fiat 500 et 600, ainsi que de l'attrait généré par la Dauphine de chez

Salon de Paris 1961.
La nouvelle Simca 1000
suscite la curiosité
du public.

La citadine de Simca doit séduire tous les publics, y compris la gent féminine.

Elégant panneau de portes, cendrier, accoudoir… Les voitures populaires s'adonnent elles aussi au confort.

Renault, deux directives vont dicter la définition de la future petite française. Contrairement aux précédentes réalisations de la marque, le moteur du modèle sera positionné à l'arrière, tandis que son dessin devra exprimer les nouvelles tendances de la décennie naissante.

À l'automne 1961, Henri Théodore Pigozzi, fondateur de la Société industrielle de mécanique et de carrosserie automobile (SIMCA), présente la 1000. En adoptant le positionnement de la motorisation en porte-à-faux arrière, les concepteurs de ce véhicule ont permis de débarrasser totalement l'habitacle de l'encombrant tunnel de transmission. Le dessin du nouveau bébé de l'usine de Poissy n'évoque en rien ses aînés. Abandonnant les formes courbées, la 1000 apparaît très cubique avec ses trois volumes parfaitement distincts, comme si on avait assemblé trois boîtes entre elles, avec la partie moteur, l'habitacle et le coffre à bagages à l'avant. Se souvenant sans doute de ses origines italiennes, Pigozzi a fait appel à un cabinet de design transalpin pour produire la ligne simple mais efficace de son nouveau modèle. Moderne par sa motorisation, dont la cylindrée est, à l'heure du lancement, de 944 cc, la petite française l'est également par ses suspensions, toutes à roues indépendantes. Sortie un an avant la R8, qui, comme elle, présentera une ligne faisant la part belle aux angles et sera dotée d'une mécanique placée à l'arrière, la Simca 1000 ne propose en revanche que des freins à tambours. Mais, parfaitement positionnée en termes de produit et de prix, et disponible dans différentes versions plus ou moins bien équipées, la nouvelle Simca va conforter le constructeur dans la voie du succès. Encouragés par ces excellents résultats, ses concepteurs vont dès lors se pencher – avec Abarth, d'abord, puis directement au sein de leur propre bureau d'études – sur une version sportive, qui n'apparaîtra cependant qu'au début des années 1970.

Car l'heure reste à d'autres priorités. Avec l'apparition de la moderne 1000, il est indéniable que l'Aronde semble avoir d'un coup pris beaucoup d'âge. Elle sera ainsi remplacée à partir de 1963 par un modèle disponible en deux motorisations. Les Simca 1300 et 1500, nées alors que la marque vient de passer sous le contrôle de Chrysler, affichent une certaine tendance américaine, ces nouvelles berlines du constructeur français reprenant les canons esthétiques régnant outre-Atlantique, avec des lignes étirées, une calandre plate et une large surface vitrée. Même si la mécanique n'apporte pas d'innovations majeures, le lien de parenté entre ces nouvelles Simca et les Aronde de la décennie précédente est loin d'être évident. Les berlines 1300 et 1500 seront bientôt rejointes au catalogue par un break, mais force est de constater que le troisième constructeur français, après Renault et Citroën, ne saura pas véritablement séduire le public avec ces modèles. Essieu rigide à l'arrière, freins uniquement à tambours sur la 1300… La firme de Poissy n'aura pas été généreuse en nouveautés, ce qui explique probablement ce relatif échec.

Face à cette situation, la firme doit désormais réussir le pari, lancé depuis fin 1962, d'une voiture compacte, apte à rivaliser avec l'offensive menée par Peugeot et sa 204. Comme chez le constructeur de Sochaux, les roues motrices

Sur une base technique classique, la Simca 1300 offre une ligne moderne avec son toit plat et ses formes rectilignes.

La Simca 1100 sera le plus grand succès du constructeur basé à Poissy.

de la future Simca passeront à l'avant, tandis que la carrosserie se composera non plus de trois volumes, mais de deux, pour une ligne nettement plus moderne. Après plus de trois années de développement, la Simca 1100 est présentée en grande pompe au Salon de Paris 1967. À l'heure où le général de Gaulle découvre cette nouvelle voiture tricolore, sept mille invités font de même à quelques kilomètres de là, au Bourget. Comme il est de coutume chez Simca, plusieurs niveaux de finition sont au programme, répondant aux doux noms de LS, GL et GLS. Dévoilée avec une mécanique de 1 118 cc, la 1100 gagnera peu à peu en cylindrée et en puissance pour étoffer une offre qui fera bientôt d'elle la voiture préférée des Français.

« Le succès des Simca était mérité, quand on voit l'évolution qu'a connue cette marque. Entre la Simca 5 et la 1000, par exemple, quel progrès ! Le constructeur, à l'image de ses concurrents français, a fait l'effort d'adapter son offre à la demande et aux besoins du marché des années 1960. Cette politique du choix lui permet de fidéliser sa clientèle en lui offrant tout ce qu'elle attend d'une voiture. Nous sommes alors, selon moi, à un tournant majeur de l'industrie automobile. »

Le temps des loisirs

Dans le domaine du modèle à succès, s'il est une marque qui a défrayé la chronique dans les années 1950, c'est bien Citroën. Avec la 2 CV, d'abord, puis ensuite avec la DS, le constructeur installé à Paris sur les bords de la Seine a produit deux modèles ayant d'ores et déjà acquis un statut hors normes à l'aube des années 1960.

Malgré ces deux géantes à son catalogue, Citroën se doit tout de même d'élargir son offre. C'est fait à partir de 1961, avec l'originale Ami 6 et son design si particulier validé par le président de la marque, qui n'apprécie guère les carrosseries avec hayon, comme celles des Renault 4. La 4 L, justement, est le grand symbole de la concurrence dans l'univers de la voiture populaire, conduisant au cours des années 1960 à la baisse des ventes de la 2 CV, qui, si elle est restée très active sur le marché de l'occasion, enregistre un net recul sur

Bien que concentrée sur ses modèles de grande série, Simca a aussi élaboré un petit coupé sportif méconnu, la 1200 S.

Le lien de parenté entre
la Citroën Dyane et son aînée,
la 2 CV, est évident. Cette proximité
technique l'aura sans doute
empêchée de connaître
un plus grand succès.

Pare-brise rabattable, absence de porte… Pour une vie en liberté, votez Citroën, votez Méhari !

celui du neuf. L'incomparable « deuche » attire évidemment toujours autant la sympathie, mais elle ne parvient toutefois plus à masquer son âge, avec une naissance déclarée en 1948, mais une étude datant encore de dix années plus tôt.

Consciente de ce déclin, la direction de Citroën introduit en 1967 celle qui doit prendre le relais de la 2 CV. La nouvelle venue en reprend les cotes, l'architecture générale et même la mécanique, au point de pouvoir être assemblée sur les chaînes de son aînée. Même si le dessin de la Dyane – le nom de scène du modèle – aborde les thèmes stylistiques des années 1960, avec des lignes plus tendues, on y retrouve aisément une inspiration de la 2 CV, ne serait-ce que dans son fameux toit en toile, bien entendu découvrable. Malgré une finition améliorée et des conditions de confort modernisées, la Dyane tardera cependant à trouver son public, la faute, sans doute, à une copie trop proche de l'original, qui, surprise, va voir ses ventes repartir à la hausse à la sortie de sa cadette !

Tout comme la Volkswagen Coccinelle, qui a donné naissance à toutes sortes de dérivés, la 2 CV reste donc elle aussi une inépuisable source d'inspiration, et tout particulièrement pour le comte Roland Paulze d'Ivoy de La Poype, dirigeant de la société SEAB (Société d'exploitation et d'application des brevets), notamment spécialisée dans l'élaboration de matières plastiques à base d'ABS. Visionnaire, l'homme imagine une voiture destinée aux loisirs sur une base de 2 CV. Son idée est même de commercialiser un kit de carrosserie spécifique à monter soi-même, reprenant ainsi l'exemple de quelques petits constructeurs anglais. Roland de La Poype confie l'étude de cette inédite carrosserie à un jeune designer du nom de Jean-Louis Barrault, un disciple du géant du design industriel que représente alors Raymond Loewy. Plusieurs projets prennent forme et sont présentés aux responsables de Citroën, qui décèlent immédiatement l'intérêt de ce modèle décalé, simple et pratique. Décision est prise d'en lancer la production, et c'est en mai 1968 qu'est présentée la fameuse Méhari. L'événement a lieu au golf de Deauville, Citroën soulignant ainsi le côté ludique – mais chic, également – de cette étonnante voiture, faite d'une caisse en plastique posée sur un treillis tubulaire fixé sur le châssis. Très dégagé, l'habitacle est recouvert d'un mince toit en toile, dont les panneaux sont escamotables très rapidement. Baroudeuse des plages et des champs avec sa mécanique de 2 CV largement éprouvée, la Méhari, parée de couleurs vives, va immédiatement trouver son public pour une carrière de près de vingt ans et une image de liberté et de plaisir collant parfaitement aux années 1960.

Après la campagne, le bord de mer. La carrosserie de la Méhari, réalisée en matière plastique, ne craint pas la corrosion… ce qui n'est pas forcément le cas du châssis.

Peugeot garde la ligne

L'automobile plaisir n'est pas à proprement parler le créneau de prédilection de cette autre marque nationale qu'est Peugeot. Du côté de Sochaux, on privilégie le sérieux et la fiabilité, deux arguments que la 203 puis la 403 ont parfaitement su défendre. Tandis que la première nommée disparaît définitivement du catalogue en 1960, est lancée, cette même année, la 404. Cette dernière ne vient pas compléter véritablement la

Avec sa Méhari, dévoilée en 1968, Citroën investit une nouvelle niche, celle des voitures loisirs.

Elégante, confortable et performante, la Peugeot 404 est l'archétype de la berline bourgeoise à grand succès des années 1960.

gamme du constructeur, mais, avec la variété de ses versions et la présence – pour plusieurs années encore – de la 203, la 404 a de quoi séduire un large public. Après avoir envisagé d'adapter sur son nouveau modèle une suspension pneumatique inspirée de celle de la DS, ce sont finalement des équipements classiques que choisira Peugeot. Le design, en revanche, tranche totalement avec celui de la 203. Aux lignes rondes de l'aînée succèdent des formes nettement plus anguleuses, à l'image des hautes ailes arrière en forme d'ailerons, de la caisse abaissée ou du capot moteur, encadré de deux ailes proéminentes. Cet effet de style d'un grand chic a été rendu possible par l'inclinaison du moteur à 45 degrés sur la droite. Comme toujours chez Peugeot, l'habitacle, qui profite d'une vaste surface vitrée favorisée par de fins montants de toit, apparaît très soigné, avec de confortables sièges signés Dunlopillo et des accoudoirs, un accessoire pas si courant à l'époque. Dans la version Super Luxe, chromes, à l'extérieur, et sièges tendus de cuir, à l'intérieur, viennent embellir un ensemble très flatteur. Du côté de la mécanique, réputée nerveuse, la 404 offre de belles prestations, surtout dans sa version injection, introduite en

Encore plus rare que le cabriolet, le coupé 404 laisse admirer ses lignes dignes d'une Grand Tourisme de prestige.

1961. Initié en 1959, le moteur Diesel de Peugeot propulsera également bientôt la 404, au grand bonheur des chauffeurs de taxi, qui la plébisciteront. Après le succès de la berline, le constructeur de Sochaux déclinera son modèle, comme à l'accoutumée, en coupé et en cabriolet, faisant une fois de plus confiance à l'incontournable maison Pininfarina. Magnifique de sobriété, cette version profondément revue, avec un profil surbaissé, joue davantage la carte de l'élégance que celle de la sportivité. Les 404 recevront cependant en 1968 un attribut réservé jusqu'alors à des machines sportives, le fameux levier de vitesses au plancher ! Unanimement reconnus pour leur dessin superbe autant que pour leur rareté – ils sont presque deux fois plus chers que la berline –, ces cabriolets et coupés feront beaucoup pour l'image de la marque Peugeot. Mais, déjà, pour étoffer l'offre du lion, phosphore en coulisses, dans les bureaux d'études maison, la conception de la future 204. Sans parler de la remplaçante de la 404 que sera la statutaire 504 !

C'est à Pininfarina que Peugeot a confié le style de son cabriolet 404, dont les lignes ne sont pas sans rappeler les modèles 1200 et 1500 de chez Fiat.

Dévoilée en 1968, la 504 illustre parfaitement la montée en gamme des berlines Peugeot depuis les années 1950.

Alpine, le rêve en bleu

La voiture de sport française s'est évanouie dans l'après-guerre. En 1955, un homme va prendre le risque de relancer cette tradition en créant sa propre marque. Avec un ADN riche en passion, Alpine va rentrer dans la légende de l'automobile.

Comment échapper à son destin ? Fils du mécanicien du grand Ferenc Szisz, pilote de talent des automobiles Renault au début du XXe siècle, Jean Rédélé a hérité de la passion de l'automobile transmise par son père, qui, à partir des années 1920, a représenté la marque Renault dans sa ville de Dieppe. Cette attirance pour la mobilité sur quatre roues, le fils va aussi immanquablement la traduire volant en main en compétition, d'abord sur le plan régional, puis au niveau national. Plus jeune concessionnaire Renault en 1947, le Normand va bien vite se tailler une belle réputation grâce à son art du pilotage, qui fera merveille sur les routes montagneuses des Alpes.

Passionné d'automobiles mais aussi de compétition, Jean Rédélé (au fond) surveille le montage d'une de ses monoplaces de course.

Et c'est sur ces rubans de bitume tourmentés que lui viendra l'idée de construire ses propres voitures, qui devront justement traduire, par leur sportivité et leur efficacité, ces sensations et ce plaisir du pilotage. C'est aussi de ces hauts lieux des épreuves routières que naîtra officiellement le nom d'Alpine.

Après la réalisation de quelques prototypes destinés à la course, la naissance de la marque à proprement parler a lieu en 1955. Sur une base de Renault 4 CV, qu'il a longtemps pilotée en course, Jean Rédélé a élaboré un modèle spécifique dont la carrosserie est en fibres composites, gage d'une certaine légèreté par rapport à l'acier. Présentée très officiellement à Pierre Dreyfus et à l'ensemble de la direction de Renault, sous la forme de trois voitures peintes en bleu, blanc, rouge et garées dans la cour d'honneur de la firme au losange, l'Alpine dénommée A106 reprend les trois premiers chiffres du type 1062 de la 4 CV. Séduite par le produit, mais aussi par la détermination de celui qui est à l'origine de sa création, la Régie adopte cette inédite sportive et accepte de la distribuer, à commencer par Charles Escoffier, le beau-père de Jean Rédélé, important concessionnaire Renault sur Paris.

Tant attendue

L'histoire est en marche, et, tandis que la production s'accélère peu à peu, une page importante de l'histoire d'Alpine se tourne en 1960. S'affranchissant totalement de la 4 CV, le petit constructeur élabore cette fois son propre châssis – à poutre centrale et en acier mécano-soudé, à la fois plus rigide et plus léger –, sur lequel vient se fixer une toute nouvelle carrosserie, toujours, bien entendu, à base de matières plastiques, et réalisée par la société Chappe et Gessalin en région parisienne.

Le designer italien Michelotti est à l'origine des lignes de cette nouvelle A108, engagée en 1960 dans le Tour Auto, qui donnera son nom à cette série spécifique. La dernière-née du constructeur dieppois reçoit un moteur placé en porte-à-faux arrière, un choix technique que l'on retrouve au sein de la marque Porsche, qui a fort probablement inspiré Jean Rédélé. Commercialisée à partir du Salon de l'auto 1960, la berlinette A108 est motorisée par la mécanique de la Dauphine, d'une

Moment historique : au mois de septembre 1955, trois Alpine A106 à moteur Renault sont présentées à la direction de la firme au losange dans la cour d'honneur de la Régie.

cylindrée de 998 cc, et dont la puissance a été portée à 70 ch par le préparateur Marc Mignotet pour les pilotes souhaitant s'inscrire à des épreuves sportives dans la catégorie des 1 000 cc. Saluée pour ses lignes exprimant élégance et sportivité, l'Alpine va connaître dès l'année 1961 une petite révolution.

Chez Renault, on vient en effet de lancer la nouvelle R8, équipée d'une mécanique flambant neuve de 956 cc à cinq paliers, et la voiture de Rédélé va hériter de ce nouveau propulseur, en même temps que des quatre freins à disque équipant la benjamine de la Régie. Plus long, le bloc de la R8 nécessite toutefois un aménagement de la carrosserie de l'Alpine dans sa partie arrière pour pouvoir loger le moteur. Ce sera chose faite sur un dessin de Roger Prieur, simple coursier chez Alpine, mais qui ne dédaigne pas esquisser quelques traits de carrosserie à ses heures perdues ! Le résultat, magnifique et approuvé par tous, justifiera une nouvelle appellation, l'A108 devenant A110 pour être officiellement présentée au Salon de Paris 1962. Avec un capot arrière abaissé et une surface vitrée en hausse, la voiture a gagné en élégance, tandis que son radiateur placé à l'arrière du bloc a nécessité le percement d'ouïes de refroidissement, agrémentées de quatre baguettes chromées du plus bel effet sur un plan visuel.

Très agiles, les Alpine A106 sont taillées pour les virages, comme ici sur le tracé routier du circuit de Montlhéry.

La naissance d'un modèle aussi abouti et prometteur que l'A110 sonne l'heure de la maturité pour le jeune constructeur normand. Le succès ne peut aller que grandissant avec cette réalisation, qui semble posséder l'indéfinissable petit plus qui fait passer une voiture au rang de légende.

C'est sous la marque Dinalpin que le petit constructeur français s'attaquera au marché mexicain avec ses A110.

Le rythme de production au sein de la petite usine, qui n'est en réalité qu'une partie de la concession Renault de Dieppe, est désormais de trois voitures par semaine. Tout en étant assemblées de manière artisanale, les Alpine reprennent de nombreuses pièces des modèles Renault de grande série. Outre la berlinette, la marque propose également à son catalogue un cabriolet, ainsi qu'un coupé à 2 + 2 places.

En 1964, le multiple champion du monde de Formule 1 Juan Manuel Fangio fait l'honneur de sa présence au pub Renault pour célébrer les victoires d'Alpine à l'indice énergétique lors des Vingt-Quatre Heures du Mans.

Après l'avènement de l'A110, le coupé change de nom, devenant GT4, pour quatre places. Pesant 600 kilos avec la mécanique de la Renault 8, ce rare modèle est capable d'atteindre 175 km/h dans sa version la plus performante. Pour ses bolides à l'ADN chargé de passion, Jean Rédélé voit grand, et, alors que la France s'ouvre peu à peu à cette marque jeune et dynamique, Alpine va partir à la conquête du monde avec un accord de production sous licence au Brésil et au Mexique, que ce soit avec sa berlinette ou son coupé, diffusés sous la marque Dinalpin.

Ambassadrice de choc

Comment, en effet, ne pas se laisser séduire par cette voiture au charme irrésistible ? Du haut de ses 116 centimètres, ce véritable jouet pour adulte, campé sur des voies larges visuellement renforcées par un carrossage négatif très marqué, est le symbole d'un renouveau du sport automobile français qui, depuis le milieu des années 1930, est moribond. En reprenant le flambeau des sportives que furent par exemple les Delage et les Delahaye, Alpine va rapidement atteindre une cote d'amour unique auprès du public. Impossible de rester de marbre face à cette plastique charmeuse et cet habitacle aussi étriqué que sportif. Siège-baquet et petit volant à trois branches attendent le pilote en herbe pour des sensations uniques. Extrêmement vive, mais également prévenante grâce à ses masses recentrées au ras du sol, l'Alpine-Renault A110, avec le son rageur de sa mécanique

« Quand on pense Alpine, on pense bien entendu à la berlinette. J'ai été propriétaire d'une A310, mais, à mes yeux et à ceux du public, la vraie Alpine, c'est bien l'A110. Elle était superbe, avec son design profilé et ramassé sur lui-même, ce qui vous faisait immédiatement comprendre que, à son volant, vous alliez vous amuser. Elle était belle et ultraperformante. Elle gagnait des courses et était de couleur bleue, un élément important, car cela symbolisait un renouveau du sport automobile français. »

Une nouvelle usine Alpine a vu le jour à Dieppe à la fin des années 1960.

et son mélange d'odeurs d'essence et de résine, marquera une génération de conducteurs. Passionné de compétition, Jean Rédélé, à l'image de la version Tour de France de 1960, n'aura de cesse d'engager sa berlinette dans nombre de compétitions. Sur piste ou sur circuit, la bombe de Dieppe va mettre en exergue ses qualités routières tout en révélant le talent de nombreux jeunes pilotes. Pour cela, la sportive française va bénéficier de mécaniques de plus en plus performantes. Après le 956 cc d'origine, le 1 108 cc de la R8 Gordini trouve

Profitant de mécaniques de plus en plus performantes, la sportivité de l'Alpine-Renault A110 s'accroît à chaque nouveau millésime.

Derniers réglages avant le départ des Vingt-Quatre Heures du Mans 1965 pour cette Alpine-Renault M65.

À la question du général de Gaulle, « À quoi servent les Alpine ? », Jean Rédélé (ici accompagné du P-DG de Renault, Pierre Dreyfus) répondra : « À hisser les couleurs de la France, mon général ! »

bien évidemment une place idéale dans l'Alpine à la fin de l'année 1964, lui apportant enfin l'énergie que son châssis mérite. Deux ans plus tard apparaît l'A110 1300, avec, cette fois, un 1 296 cc logé dans le dos de ses passagers pour une puissance atteignant désormais 120 ch. À bord, on peut admirer le nouveau tableau de bord au look très sportif, avec ses deux grands compteurs et ses trois manomètres permettant de surveiller la température d'eau, la pression d'huile et la charge de la batterie. Alors que les liens se resserrent avec Renault, le moteur 1 500 de la R16 propulse à partir de 1967 la petite voiture, avant qu'elle ne connaisse une profonde évolution en 1969, offrant une carrosserie aux ailes élargies et des phares antibrouillard de série directement moulés dans la coque, qui donneront à l'A110 son fameux « regard ».

Les années 1960 se clôtureront par une version 1 600 cc reprenant la mécanique de la Renault 16 TS, qui développe 92 ch en série mais, bien évidemment, davantage dans le cas des versions de compétition. C'est l'heure, également, du passage à l'ère industrielle pour Alpine, qui s'installe dans une toute nouvelle usine pour un objectif de production de 2 000 exemplaires par an. De quoi permettre un développement significatif de la marque, dont la diffusion s'intensifie au sein du réseau Renault. Signe de confiance envers leurs compétences, Jean Rédélé et les hommes d'Alpine assument désormais la responsabilité de l'ensemble des activités sportives de Renault. Une politique qui va donner les moyens d'un programme en compétition aussi officiel qu'ambitieux à ces Alpine-Renault qui, après s'être imposées sur le sol national, s'apprêtent à conquérir le monde !

Ce croquis illustre à merveille l'implantation mécanique de l'Alpine-Renault 1600 S.

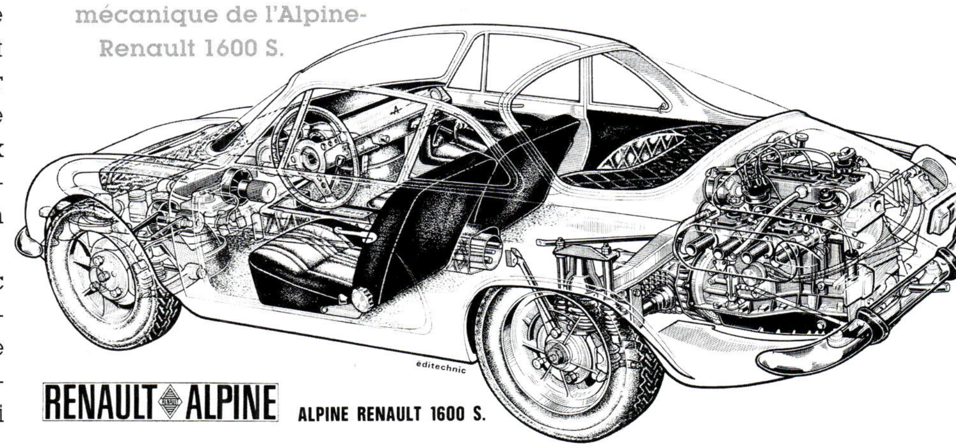

Naissances et disparitions

Porteur, mais aussi terriblement concurrentiel, le marché de l'automobile ne laisse que peu de place aux errances stratégiques ou techniques. À l'heure de la montée en puissance de grands groupes capables d'investissements importants, certains constructeurs sont contraints d'abandonner la partie, tandis que d'autres s'y invitent.

Présente à l'aube de l'automobile, la marque Panhard s'est fait connaître au fil des décennies par des voitures innovantes, présentant le plus souvent des solutions techniques originales. Pionnière dans son histoire et dans ses réalisations, la firme de la porte d'Ivry, à Paris, s'est distinguée au cours des années 1950 avec sa fameuse Dyna Z. Derrière ce « Z » se cache une voiture soignant les lois de l'aérodynamisme : tout n'est que courbes et profils, pour une résistance aussi faible que possible au vent. Autre détail d'importance, c'est l'aluminium qui est choisi pour façonner la carrosserie de cette Panhard. Toutes ces caractéristiques techniques permettent à l'original et performant bicylindre à plat de ne consommer que 7 litres aux 100 kilomètres, malgré le gabarit relativement important du véhicule. Astucieuse sur bien des plans avec, par exemple, l'absence de tableau de bord, remplacé par un bloc fixé à la colonne de direction et rassemblant compteur et instruments, la Dyna Z comblera bien des adeptes, même si elle connaîtra également quelques problèmes de fiabilité qui nuiront à l'image de la marque. Au tournant des années 1960, alors que Renault prépare sa future 4 L, que Peugeot lance sa 404 et que Citroën et Simca ont le vent en poupe, les temps se durcissent pour Panhard.

L'adieu à la doyenne

L'étude d'un nouveau modèle coûte très cher, et, pour l'heure, la maison parisienne va se contenter d'une refonte de sa Dyna Z, baptisée PL 17. Cette appellation reprend les initiales des fondateurs de la marque, Panhard et Levassor, le chiffre 17 correspondant à l'addition des trois caractéristiques techniques de la voiture : 5 CV, 6 litres aux 100 kilomètres, et six places ! Présentée comme il se doit à l'incontournable Salon de l'auto, cuvée 1959, la PL 17 évolue essentiellement au niveau de l'esthétisme par rapport à sa devancière. Elle perd sa face avant globuleuse pour un capot plus aplati, cerné de joncs chromés reliant les phares et courant jusqu'à l'extrémité des ailes antérieures. Toujours dans la partie avant, la PL 17 troque la curieuse prise d'air en forme de bouche de la Dyna Z, ainsi que le troisième phare placé au centre, au profit d'une discrète calandre nichée dans un pare-chocs chromé très enveloppant. Plusieurs finitions et associations de couleurs au niveau de la carrosserie ou de l'habillage intérieur sont au

Un grand coffre, une belle habitabilité et un design soigné sont autant de qualités qui feront le succès de la Panhard PL 17.

Séquence publicité pour cette Panhard PL 17 millésime 1961, exposée au Salon de Paris 1960.

Apparence chic pour la très élégante carrosserie 2 + 2 de la Panhard CT 24, dévoilée courant 1964.

programme, la Grand Standing Tigre, avec une puissance portée à 50 ch, proposant une sellerie inédite du plus bel effet imitant la peau de l'animal sauvage ! Mais, malgré un excellent rendement mécanique, la Panhard n'atteint pas les niveaux de ventes espérées, et la marque, qui ne dépend alors que d'un seul et unique modèle, traîne en queue de peloton des grands constructeurs français.

Face à ces mauvaises perspectives, l'arrivée du nouveau modèle 24, en 1964, relève de la tentative de la dernière chance pour Panhard. Œuvrant depuis quatre ans sur le projet, les concepteurs, emmenés par Jean Panhard et le designer maison Louis Bionier, ont essayé de rassembler à bord le meilleur de leurs idées. Au préalable, du fait de la collaboration avec Citroën depuis 1955, Panhard s'est vu opposer un veto quant à l'étude d'une berline appelée à succéder à la PL 17. Ainsi, c'est vers un coupé 2 + 2 que les ingénieurs ont dirigé leurs études. Outre une ligne dans l'air du temps, avec des traits nets et rectilignes, la nouveauté doit séduire par de nombreuses astuces. Elles seront au rendez-vous,

avec un habitacle à l'équipement très complet, que vient réchauffer un système de ventilation passant par les portières et faisant effet dans l'ensemble de l'habitacle.

Mais, face aux difficultés financières du constructeur, la 24 doit opter pour des choix techniques dictés par une politique d'économie qui lui sera préjudiciable. C'est le cas du système de freinage, qui reste à tambours, ou encore du moteur, identique à celui de la PL 17 et dont la conception est loin d'être récente. En présentant sa dernière création le 24 juin 1963, Panhard annonce des lendemains prometteurs aux médias avec cette automobile dont les lignes très tendues, le toit plan, la ceinture de caisse très basse et la face avant, agrémentée de doubles feux, laissent entrevoir modernité et caractère sportif. Les essayeurs des différents titres de presse déchanteront hélas rapidement, dénonçant des performances en retrait et une faiblesse du freinage, tout en louant un potentiel mal exploité. Écoutant les critiques, les responsables de la marque adapteront des freins à disque sur leur dernière-née, la propulsant par un moteur Tigre développant 60 ch et capable d'emmener la voiture – alors

Difficile à croire, mais, en 1967, disparaîtra la doyenne des marques automobiles en France.

Astucieuse avec ses doubles phares, qui seront plus tard repris par Citroën, la Panhard 24 CT aurait pu devenir la petite Grand Tourisme que le marché français attendait.

baptisée 24 CT – à 160 km/h, essentiellement grâce à une boîte dont la longueur des rapports favorise une belle vitesse de pointe… à condition d'être sur une route plate ! Mais les fées ne se sont malheureusement pas penchées sur le berceau de cette auto, qui, outre des délais de livraison longs, souffre d'un problème de distribution au sein d'un réseau de vente désormais essentiellement maîtrisé par Citroën, dont les agents et les concessionnaires ne font pas preuve d'un grand entrain pour faire la promotion de Panhard. Ces difficultés aboutiront en 1965 au rachat de la division automobile de Panhard par Citroën, qui ne tardera pas à renoncer à un éventuel avenir de la marque. C'est ainsi que, en août 1967, la doyenne des marques automobiles françaises cessera définitivement toute activité.

L'étoile abandonnée

Bugatti, Delage, Delahaye… L'automobile de prestige à la française n'a pas survécu à l'après-guerre. Tandis que Renault, Peugeot, Citroën et Simca se sont donnés le statut de constructeurs généralistes à très grande diffusion, un homme décide de relever le gant. Après avoir fait ses armes dans la sous-traitance aéronautique, Jean Daninos, qui préside aux destinées de la société Facel – pour Forges et ateliers de construction d'Eure-et-Loir – s'est orienté à partir de la fin des années 1940 vers les quatre-roues. Son secteur d'activité est la carrosserie, et notamment l'emboutissage dans le cadre de séries spécifiques produites en faibles quantités. Après avoir collaboré avec Panhard, Simca et Ford, Daninos décide d'embrasser le rôle de constructeur automobile. Ses Facel-Vega, dont le nom a été imaginé par son frère, l'écrivain Pierre Daninos, ne seront pas des voitures de grande série mais, au contraire, des Grand Tourisme puissantes et racées vendues à un public élitiste amateur d'exception. Ces splendides coupés aux formes modernes et très épurées se dotent de puissants V8

en provenance de Chrysler. La jet-set du monde entier tombe en arrêt devant ces magnifiques machines assemblées à la main, avec leur fameux tableau de bord peint dans un parfait trompe-l'œil imitant la ronce de noyer. Après la fabuleuse HK 500 des années 1950, la marque présente en 1962 sa descendante, la Facel II. Reprenant les codes stylistiques chères à la firme tricolore, avec, notamment, les si caractéristiques feux avant sous globe et des feux stop directement logés dans le prolongement des ailes, le modèle s'allonge de 15 cm par rapport à son aînée, tandis que la surface vitrée s'accroît nettement. Sous le capot rugit un V8 Chrysler de 6 286 cc, faisant de la Facel II la Grand Tourisme à quatre places la

Les tableaux de bord des Facel-Vega étaient reconnaissables à leur peinture imitant la ronce de noyer, ainsi que par les commandes de climatisation, identiques à des manettes de gaz.

Réputée Grand Tourisme la plus rapide du monde, la Facel II est le fleuron de l'industrie automobile au début des années 1960.

plus rapide du monde : le 0 à 160 km/h est abattu en 17 secondes, la vitesse maximale approchant les 240 km/h. Mais, outre sa splendide – mais hors de prix – Facel II, vendue à l'époque plus cher qu'une Aston Martin DB4, Facel-Vega s'essaie également à un modèle de plus grande diffusion avec la Facellia, révélée depuis fin 1959. Plus compacte que les grosses Facel V8, cette voiture, parrainée par le célèbre pilote Stirling Moss, présente un dessin très élégant, avec, en premier lieu, un cabriolet, bientôt rejoint par un coupé à deux ou à quatre places. Comme ses aînées, la Facellia repose sur un châssis tubulaire et une coque en acier. Ses suspensions avant sont indépendantes, contrairement au rigide pont arrière. La propulsion peut compter sur quatre freins à disque pour être ralentie. Extérieurement, l'auto se distingue par un bas de caisse paré d'aluminium profilé. L'intérieur, quant à lui, est très soigné, tradition oblige. Mais pour s'octroyer le titre de voiture « Grand Sport à la française », la Facellia se voit attribuer une mécanique hexagonale, un quatre-cylindres conçu par la firme Pont-à-Mousson, déjà en charge des transmissions pour Facel-Vega. Cette mécanique moderne d'une cylindrée de 1 646 cc se dote d'un double arbre à cames en tête pour une puissance, remarquable à l'époque, de 115 ch à 6 400 tr/min. La « petite » Facel est proposée à un prix attractif et bénéficie de l'aura de la marque, des ingrédients qui semblent de prime abord lui promettre un avenir grandiose. Hélas, si le moteur s'avère effectivement brillant et performant, il n'en est pas de même pour sa fiabilité. Élaboré trop rapidement, ce propulseur manque de mise au point et souffre de nombreuses imperfections. Refroidissement, consommation d'huile, usure prématurée des cylindres, la liste des désagréments est longue, et la prise sous garantie de ces problèmes, ainsi que les échanges standard de moteurs, vont rapidement altérer la trésorerie de Facel-Vega, au point de mettre bientôt la société sous protection judiciaire.

Avec la jolie Facellia, Facel-Vega tentera d'élargir son offre avec une voiture financièrement plus accessible.

Daninos a perdu la direction de sa firme, mais il ne reste pas moins, notamment, à la direction technique. Au mois de mars 1961, cherchant à trouver une solution, le constructeur lance la Facellia Type F2, équipée d'un moteur Pont-à-Mousson enfin fiabilisé. Deux ans plus tard, la Facel III

Ici en version cabriolet, la Facellia reprend les codes esthétiques chers à Facel, comme les fameux feux sous globe.

« On ne croisait pas tous les jours des Facel-Vega. C'étaient vraiment des voitures de grand prestige. Leurs lignes très basses et leurs profils très tendus avaient un peu heurté au début, mais on a vu par la suite qu'elles avaient influencé le design des années 1960. Après les déboires de Facel, l'arrivée de Matra sur les bases des automobiles René Bonnet était une initiative très sympathique. Même si elles n'avaient pas de vraies prétentions sportives, les 530 en avaient l'apparence. Je me souviens que Radio-Monte-Carlo en avait reçu une dizaine, sans doute pour des raisons de promotion de la marque. Avec une voiture comme celle-là, vous aviez la parfaite panoplie du mec des années 1960… Je n'ai qu'un regret, c'est de ne pas en avoir racheté une à la station ! »

prend le relais, désormais motorisée par la mécanique issue de la Volvo P1800. Cette excellente voiture, combinant fiabilité, performances et élégance stylistique, n'aura malheureusement pas le temps de sortir la firme de l'ornière. Après avoir contraint Jean Daninos à s'équiper, à la fin des années 1950, d'un moteur français pour ses Facellia – choix qui sera la principale cause du déclin de la marque –, l'administration décide en effet la mise en liquidation judiciaire de Facel-Vega en octobre 1964, mettant ainsi fin à une aventure de dix ans au plus haut niveau de l'industrie automobile.

Matra, l'arme fatale

Avec Facel-Vega dans le domaine de l'automobile de prestige, ou Alpine – mais aussi René Bonnet – dans celui du sport, la renaissance de l'automobile française de luxe et de sport, malgré quelques péripéties, est une réalité en ce

La très réussie Facel III à moteur Volvo puis l'éphémère Facel 6 représenteront le chant du cygne de la brillante histoire de Facel-Vega.

début des années 1960. Ancien pilote, Bonnet s'est aussi fait connaître en tant que constructeur de voitures de série et de compétition en compagnie de Charles Deutsch, avec lequel il a conçu les DB à moteur Panhard souvent couronnées de succès en compétition. Après sa séparation avec Deutsch, l'homme décide de poursuivre son œuvre dans le domaine de l'automobile en lançant la conception d'une petite voiture sportive. Elle sera directement issue de l'expérience acquise en course et se distinguera par des solutions techniques très innovantes. Imaginée à l'origine sur la base d'un châssis tubulaire noyé dans une carrosserie en polyester, la future René Bonnet reposera finalement sur un classique châssis poutre, habillé en revanche de cette fameuse carrosserie en polyester, gage d'un poids très contenu. Après avoir pendant longtemps fait confiance à Panhard pour ses motorisations, Bonnet doit se tourner vers d'autres cieux à cause des difficultés rencontrées par le vénérable constructeur tricolore. Comme Alpine, il trouvera son bonheur dans la banque d'organes Renault, avec le 1 108 cc de la R8, placé – et c'est une première mondiale pour une voiture de grande diffusion – en position centrale arrière. Avec une telle architecture, reposant qui plus est sur des trains roulants reprenant des technologies développés en compétition, René Bonnet a osé aller encore plus loin, dans son objectif d'une voiture radicalement sportive, que Lotus, avec son Elite, ou Alpine, avec ses A106 et A108. Présentée au Salon de Paris 1962, la René Bonnet Djet est saluée par l'ensemble des observateurs. Mais, faute d'une véritable structure industrielle et d'un réseau de vente efficace, son concepteur n'aura pas les moyens de continuer son aventure de constructeur automobile bien longtemps. C'est une filiale de Matra spécialisée dans le plastique, la GAP, qui sauvera Bonnet de la faillite. Par la suite, l'entité Matra Sports, créée à cet effet, reprendra l'ensemble de ses activités. D'abord équipés du moteur 1 108 de la R8 Gordini,

Un nouveau bolide bleu débarque sur les routes de France : la Matra Djet, fruit de l'alliance entre Matra et René Bonnet.

Grand amateur d'automobiles, le président de la République Georges Pompidou apprécie les efforts de Matra et de son président Jean-Luc Lagardère.

avant de se voir propulsés par le 1 300 cc de même origine, les petits coachs sportifs construits dans l'usine de Romorantin s'appellent désormais Matra Jet 5 et Matra Jet 6, ayant perdu dans la bataille le nom de Bonnet et la lettre D initialement accolée à Djet.
Après ces premiers pas dans la diversification du constructeur d'armement qu'est Matra, une nouvelle voiture est au programme de cet arrivant sur la scène automobile française. Le cahier des charges, établi par le président de Matra automobile, Philippe Guédon, tire les enseignements du modèle Jet. La future voiture devra être moins radicale que sa devancière, tout en reprenant nombre de ses solutions techniques, dont le moteur placé en position centrale arrière et la carrosserie en polyester. Autre contrainte, et pas des moindres, cette sportive devra pouvoir emmener à son bord quatre passagers… C'est au designer Jacques Nocher qu'est confié le délicat exercice de style. Il en sortira une voiture aux lignes originales multipliant les pans coupés qui rappellent le prototype Matra MS620, engagé au Mans. Comme la Porsche 911, celle qui se nomme Matra 530 est équipée d'un toit escamotable en deux parties pouvant être rangé dans le coffre, et qui offre une taille raisonnable permettant de transformer le modèle en version Targa. Pour limiter au maximum le poids de sa première vraie réalisation automobile, Matra a conçu un châssis plate-forme sans traitement anticorrosion percé de nombreuses alvéoles, et sur lequel vient se fixer une carrosserie en polyester ne pesant que 54 kilos. Contrairement à la Jet, ce n'est plus un moteur Renault qui propulse l'ensemble, mais un bloc Ford de 1,7 litre développant 70 ch, issu de la Taunus du constructeur américain. Malgré une fiabilité jamais prise en défaut, cette mécanique, qui n'a rien de bien sportif, cantonnera la 530 à une « voiture des copains », ainsi que le souhaitait la direction de Matra. Malgré une dynamique implication en sport, et notamment en Endurance et aux Vingt-Quatre Heures du Mans, la firme ne cherchera curieusement pas à doter son séduisant coupé d'une mécanique flamboyante, ce qui limitera l'aura d'une automobile vendue à 9 609 exemplaires – tout de même ! – entre 1967 et 1973.

Plus qu'une sportive pure et dure, la Matra 530 était d'abord une « voiture des copains ».

Renault, la force de l'innovation

S'il est de bon ton, dans ces années 1960, de railler le manque de dynamisme et de réactivité des administrations et des entreprises d'État, ces critiques ne peuvent concerner Renault. Depuis son entrée dans cette décennie, le bureau d'études de la Régie phosphore sans relâche sur des produits faisant la part belle à de séduisantes avancées techniques.

Destruction partielle de son outil de production, décès de son fondateur, nationalisation, courageuse reconstruction avec la 4 CV puis la Frégate, disparition accidentelle d'un président charismatique… Que d'événements la marque Renault aura-t-elle vécus en une dizaine d'années ! Mais, loin de s'en trouver fragilisée, la Régie, à présent dirigée par Pierre Dreyfus, n'a cessé de faire preuve d'inventivité et de dynamisme pour retrouver son rang de premier constructeur français.

Accompagnant le succès de la Dauphine, elle-même descendante de la 4 CV, la conception de la future Renault 4 est l'objet de tous les soins de la part de ses créateurs. C'est un utilitaire à la notoriété certaine qui nous donne un premier indice sur sa définition technique. L'Estafette Renault, puisque c'est d'elle qu'il s'agit, a été dévoilée au public en 1959. Cette fourgonnette, qui aura notamment pour mérite d'assurer le lien social et commercial entre la ville et les campagnes à travers ses nombreux modèles transformés en camionnettes ambulantes, est propulsée par un mode de traction aux roues avant. Une technologie totalement nouvelle pour le constructeur, mais qui ne sera pas sans descendance…

Difficile de résister à l'appel de la 4 L, qui, portes et capot ouverts, invite au voyage.

Baroudeuse et citadine

Après avoir longuement observé les caractéristiques de la rivale désignée qu'est la 2 CV, la future nouveauté de Renault va pousser encore plus loin le concept de voiture pratique, fonctionnelle et ludique. Une de ses armes sera son fameux hayon permettant de faire rentrer aisément de gros volumes à bord d'un modèle qui, tout en se voulant populaire, n'en propose pas moins une capacité de chargement importante. Sa fiabilité, sa simplicité d'entretien, ainsi qu'un confort supérieur à celui de la 2 CV, seront également des arguments qui participeront au succès de la 4 L. Outre sa fonctionnalité, cette voiture saura aussi se muer en une voiture d'image. Elle plaît aux jeunes, qui voient en elle leur rêve de mobilité sur quatre roues se réaliser grâce à un tarif attractif et une capacité à parcourir les routes et les chemins du monde entier. Sur le continent africain, où l'on sait souvent faire de la bonne bière, ne dit-on pas que, même avec ce breuvage à la place de l'essence, la Renault 4 arriverait tout de même à avancer ? Mais le constructeur français cherche à séduire toutes les couches de la population, et notamment les

Levier de vitesses au niveau du tableau de bord, équipement minimaliste... La nouvelle R4 aurait-elle été influencée par la 2 CV ?

femmes, qui semblent tout d'abord reprocher à la 4 L son côté trop utilitaire. À l'issue d'une enquête menée conjointement avec le magazine *Elle* dans le cadre d'une campagne dénommée « Elle prend le volant », quatre mille lectrices ont ainsi l'occasion d'essayer le modèle. Forte des commentaires et des enseignements tirés de cette opération séduction, la marque au losange lance une série spéciale de la Renault 4, qui voit bientôt le jour sous l'appellation Parisienne. Celle-ci bénéficie de six glaces latérales, comme sur le modèle Super, et se pare d'une décoration spécifique, avec des décalcomanies imitant le cannage sur un fond de carrosserie de couleur noire. Il sera également proposé une autre forme de « stickage » reprenant cette fois des motifs écossais vert ou rouge. Cette apparence des plus chics renforcera le côté citadin de cette automobile décidément caméléon. Mais,

La dernière de la Régie est la parfaite compagne de toutes les excursions.

que ce soit une relation de cause à effet ou une simple coïncidence, toujours est-il que, avec la sortie de la R4, en 1961, les ventes de la Dauphine, lancée en 1956, sont en recul, les formes tout en rondeurs de cette dernière apparaissant désormais datées dans une décennie faisant la part belle aux lignes rectilignes et aux angles vifs.
Il faut dès lors aller vite, et les hommes de la Régie ne vont pas hésiter à avancer de près d'un an la sortie de la nouvelle Renault 8. En trois volumes, comme la Dauphine, ce nouveau modèle est également une toute à l'arrière, le moteur de 956 cc prenant place dans son coffre. Classique dans sa conception technique, hormis un système de freinage au top de la modernité avec quatre disques de marque Bendix, la R8 innove surtout par un style nettement plus en rapport avec la mouvance des années 1960. La face avant verticale est surmontée d'un capot plié en son centre, ce qui augmente le côté agressif de la belle, tandis que l'habitacle profite, comme toutes les voitures de son époque, d'une large surface vitrée. Un pas en termes de niveau de performance est franchi en janvier 1964 avec l'arrivée de la R8 Major, disposant d'un nouveau quatre-cylindres de 1 108 cc que l'on retrouve également sous le capot de la toute nouvelle Alpine A110. Cette mécanique moderne va donner des idées à un homme dont la collaboration avec la Régie Renault date déjà de plusieurs années. Pilote, motoriste, constructeur, Amédée Gordini est une référence dans l'univers de l'automobile sportive.

La version Parisienne ajoute une touche de chic au côté pratique de la R4, avec des enjoliveurs chromés, six vitres latérales et la fameuse décoration façon « cannage ».

Renault cherche son pilote

Intéressé par le sorcier franco-italien, et conscient de l'image de sportivité qu'il pourrait apporter aux produits de la Régie, Pierre Dreyfus a passé en 1957 un accord avec le préparateur. L'objectif était de donner un surplus de puissance à la Dauphine afin d'en augmenter les performances, que ce soit sur route ou en compétition. Pas déçus du résultat, qui aboutira à la fameuse Dauphine 1093, Dreyfus et

À Londres, Pierre Dreyfus, le P-DG de Renault, célèbre le lancement de la R8, qui côtoie ici un modèle de 1904.

ses proches collaborateurs se laissent tenter par une opération similaire avec la nouvelle R8, l'objectif étant d'aller encore plus loin dans la personnalisation d'un modèle spécial qui se veut résolument sportif. « La Renault 8 Gordini doit permettre à toute une clientèle d'enthousiastes et d'amateurs de conduite sportive de satisfaire leur passion, sans pour cela devoir investir plus que le prix d'une voiture de grande série. » Cet extrait d'un dossier de presse de l'époque est sans équivoque, mais il ne galvaude pas ce modèle qui arrive, tout de bleu vêtu et barré sur toute sa longueur d'une double bande blanche, fin 1964. Pour se démarquer franchement de la R8 Major de série, la Gordini bénéficie de profondes évolutions au niveau

La Renault 8 est équipée d'une nouvelle mécanique et de quatre freins à disque.

Le 10 octobre 1965, Amédée Gordini célèbre le lancement de la Coupe Gordini en compagnie de la nageuse « Kiki » Caron et de la princesse Isabelle Poniatowski.

de sa mécanique. Mis en concurrence avec le service course de Renault, Gordini a achevé de convaincre les responsables de la marque au losange avec son traitement de choc du quatre-cylindres à cinq paliers. Le préparateur de la porte de Versailles a ainsi coiffé le bloc d'une toute nouvelle culasse de type hémisphérique, l'admission étant assurée par deux grosses soupapes, tandis que la bougie a été décalée vers le haut. L'alimentation est également largement optimisée par l'apport de deux carburateurs double corps. Impressionné par les résultats obtenus, Renault validera les options techniques retenues avant de les produire en série. Et c'est une belle surprise qui attend le public et les médias à la présentation de cette R8 d'un bleu éclatant, couleur qui restera sa teinte officielle tout au long de sa vie. La puissance a bondi à 93 ch, une valeur peu ordinaire pour un 1 000 cc, la vitesse de pointe culminant à 175 km/h. Absolument dithyrambique sur la nouvelle bombe de la Régie, la presse salue ses performances de premier ordre et son comportement aussi sportif que ludique, ainsi que son tarif extrêmement raisonnable au regard des prestations proposées. Renault et Gordini ont vu juste, et la paisible berline ainsi dopée va devenir l'icône de toute une jeune génération à la recherche de sensations fortes. D'excellents résultats en compétition, associés à la création d'une coupe entièrement dédiée au modèle, achèveront de participer au joli succès de la « Gorde » qui, plus qu'une simple automobile, saura fédérer autour d'elle un véritable esprit de clan et d'appartenance.

La « Gorde » deviendra très vite l'outil d'expression de toute une génération de jeunes pilotes.

Mais la clientèle, décidément, en veut toujours plus dans ces années 1960. Ravis des prestations de leur petit bolide, les pilotes de course ou les conducteurs de tous les jours

Dopée par un moteur préparé par Gordini, cette R8 est une vraie voiture sportive, à manier avec dextérité.

Janvier 1965. C'est une automobile au design inédit que présente la Régie avec sa Renault 16. Le pari, osé, s'avérera rapidement… génial !

rêvent d'une puissance supérieure pour leur Gordini. Leur souhait sera exaucé en 1966, avec la mise en place d'un moteur 1 300 cc – 1 255 cc, en réalité – équipé de deux carburateurs Weber en remplacement des Solex. La puissance culmine désormais à 103 ch, tandis que la face avant de la voiture reçoit la signature caractéristique des Renault 8 Gordini, avec l'adjonction de deux gros feux antibrouillard entre les projecteurs principaux.
Après le coup de maître réussi par Renault, qui vient à son tour d'inventer avant l'heure le concept de la voiture de grande série déclinable en versions très épicées – comme a su le faire, de l'autre côté de l'Atlantique, Ford avec sa Mustang –, la Régie prépare une nouvelle petite révolution. Il n'est plus ici question de sport ou de compétition, mais d'une berline de taille moyenne qui se pose en concurrente de la Peugeot 404 ou de la Simca 1500. Porté par le succès de ses voitures populaires, Renault joue une carte importante avec ce lancement d'un véhicule destiné à la gamme moyenne supérieure. Les clients de ce

Inaugurée en 1964, l'usine Renault de Sandouville assurera la production de la R16, pour un total de 1 850 000 exemplaires.

type de modèle sont des connaisseurs, et ils restent souvent attachés à une marque. Pour les séduire, la firme au losange cherche à rompre avec l'image un peu terne qu'a laissée derrière elle la Frégate.

L'audace au pouvoir

Après avoir osé l'innovation avec sa R4, puis élevé le sport en porte-drapeau pour sa classique R8, la direction de Renault et son dynamique président décident de continuer sur cet élan de nouveautés et de défis techniques par l'élaboration de la Renault 16, dont le lancement est prévu le 4 janvier 1965. La nouvelle venue se veut une voiture de son temps. Celle des familles prenant la route des vacances ou partant en week-end pour leur résidence secondaire. Comme ses rivaux, ce modèle devra proposer un certain niveau de confort et de performances, en y ajoutant de la fonctionnalité. Pour traduire ce cahier des charges en produit fini, le constructeur peut s'appuyer sur un bureau d'études qui, sous la direction d'Yves Georges, s'est considérablement étoffé depuis le début des années 1960. On compte désormais, en effet, mille deux cents personnes travaillant pour ce département situé à Rueil-Malmaison, ce qui permet au constructeur de mener plusieurs études de front. Doté d'un sens aigu de l'innovation, Georges va pousser ses ingénieurs dans leurs réflexions pour élaborer une voiture rompant avec les standards habituels.

Après avoir étudié différentes options, dont une berline à propulsion dotée d'un six-cylindres en alliage léger – qui ne sera pas retenue en raison d'un coût élevé de production –, la Régie a enfin établi précisément les caractéristiques de la future R16. Celle-ci sera une traction avant et se signalera par une carrosserie à deux volumes englobant une cinquième porte hayon. À l'intérieur, modernité sera le maître mot, et une nouvelle notion, la modularité, va faire son apparition. Ainsi, la banquette arrière de la Renault 16 peut se replier ou se rabattre en sept positions, transformant la berline en break, voire en auto-couchette.

Avec la Renault 12, descendante des R8 et R10, Renault adopte définitivement, et sur toute sa gamme, la traction avant.

Ces choix techniques n'ont pas été simples à appliquer, les principales difficultés résidant dans la rigidité du hayon arrière et dans l'absence de cloison de séparation entre le coffre et l'habitacle. Mais les ingénieurs de la Régie trouvent la parade en disposant des arches de pavillon autour des six glaces latérales – qui font, au passage, disparaître les classiques gouttières de toit –, tandis que le seuil du coffre est relevé. Côté mécanique, la R16 s'appuie sur un quatre-cylindres de 1 470 cc, qui sera porté à 1 565 cc dans la version TS, sortie en 1968. Entre-temps, la marque au losange aura été récompensée de ses efforts et de son sens de l'innovation, sa dernière-née étant sacrée Voiture de l'année en 1966. Malgré un physique qui, de prime abord, en rebutera certains, cette voiture aura rapidement conquis un large public louant sa tenue de route, sa maniabilité et son incomparable fonctionnalité. Il fallait y croire, Renault l'a fait… La firme ne s'arrêtera d'ailleurs pas en si bon chemin, puisque l'étude de la super Renault 4, la R6, est en train d'être finalisée, et que s'imagine déjà la future traction avant de moyenne gamme, à laquelle le chiffre 12 sera accolé.

À mi-chemin entre la R4 et la R16, la R6 adopte bien sûr le fameux hayon arrière.

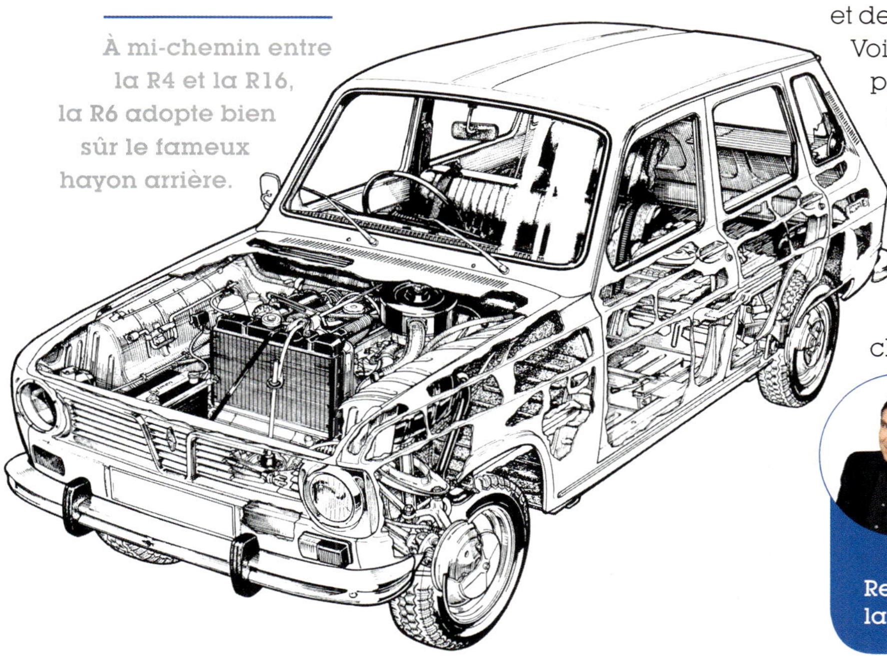

« Renault, c'était bien l'inverse de l'image que l'on pouvait se faire d'une régie nationale. Dans les années 1960, la marque française se positionne véritablement à l'avant-garde de l'automobile et devient l'un des constructeurs majeurs dans le monde. Ce succès mérité et ce grand dynamisme, Renault les doit notamment aux hommes exceptionnels qui la dirigent à l'époque. »

BERTONE
302
PININFARINA
301
SORTIE

Le meilleur du monde

La France de l'automobile a habilement négocié le redémarrage de l'après-guerre. Mais elle n'est pas la seule. Face à un marché entraîné dans une spectaculaire expansion, les appétits s'aiguisent, les stratégies s'affinent. Et la liste des prétendants au succès n'a jamais été aussi longue…

Merveille signée par le carrossier-styliste Bertone, la Lamborghini Miura illumine le Salon de Genève 1966.

La route du prestige

Faut-il déjà parler de miracle allemand? Anéantie à l'issue de la Seconde Guerre mondiale, l'industrie automobile germanique a opéré un spectaculaire redressement au cours des années 1950 : Volkswagen, Mercedes-Benz et Porsche ont conquis ou reconquis leurs lettres de noblesse. Mais l'offensive ne fait que commencer…

Le 2 octobre 1930, Henry Ford en personne pose dans la banlieue de Cologne la première pierre de la future usine de la société Ford Allemagne, créée en 1925. La chaîne de production de Berlin, mise en route en 1926, ne suffit plus à fournir le nombre de voitures que le marché réclame. Trente ans plus tard, les temps ont bien changé, mais, plus que jamais, la marque Ford s'épanouit sur cette terre décidément fertile de l'industrie automobile allemande. Les marchés américain et européen n'ayant pas du tout les mêmes demandes, Ford Allemagne développe et assemble depuis des années des modèles spécifiques destinés à la clientèle du Vieux Continent. La plus connue de ces voitures est sans conteste la Taunus, déclinée en plusieurs versions. Très bien accueillie dans son pays de naissance, elle se voit à présent assigner un autre objectif : attaquer, sur leur propre marché, les grandes réussites françaises, telles la Peugeot 404 ou la Citroën ID 19. Pour ce faire, la Taunus 17 M, lancée en 1960, se dote d'une toute nouvelle carrosserie. À l'heure où tout le monde ne jure que par les lignes tendues et les silhouettes basses et plates, la 17 M associe plutôt subtilement les deux tendances. Si

C'est à l'initiative de Ford Allemagne qu'a été conçue l'élégante Taunus 17 M, qui marie subtilement tendances stylistiques américaines et standards européens.

les ailes avant et arrière sont surmontées d'un pli de carrosserie marquant une légère dérive, le reste des éléments de carrosserie est tout en courbes, à l'image des arches d'aile ou des originaux feux avant de forme ovale. Très réussie sur le plan esthétique, la Ford à l'accent allemand présente également un intérieur luxueux, l'habitacle et ses grandes banquettes à trois places recevant des teintes bicolores. Tout comme Opel, qui fait partie du giron de General Motors depuis la grande dépression de 1929, Ford, avec sa Taunus, intègre désormais avec succès le rang de constructeur généraliste.

Volkswagen ressuscite Audi

Volkswagen, pour sa part, est encore loin de posséder ce statut. En ce début des années 1960, la marque concentre encore la quasi-intégralité de ses efforts sur sa Coccinelle. Avec son succès dans le monde entier, la star de Wolfsburg doit à elle seule tenter d'améliorer les chiffres du commerce extérieur de l'Allemagne ! Aux États-Unis, celle qu'on nomme Beetle – « scarabée » – fait un véritable tabac. Totalement différente, dans son apparence et sa conception, des productions américaines, la petite allemande va également bénéficier outre-Atlantique d'une campagne publicitaire historique. Dans un pays où les grands constructeurs locaux promettent monts et merveilles aux futurs possesseurs de leurs modèles, William Bernbach, un des fondateurs de l'agence DDB Worldwide, prend à contre-pied ce genre de promotion. Jouant à fond la carte du second degré, ses publicités se moquent de la

Cette publicité décalée explique que la « vieille » Coccinelle a fait ses preuves depuis longtemps.

Coccinelle, de son esthétique ou de son manque d'évolution au cours des années. « Pensez petit », peut-on ainsi lire dans une campagne publicitaire de la « Cox ». Le slogan fera date, tandis que les ventes de la Beetle s'envoleront pour atteindre le chiffre mirifique de 462 000 exemplaires écoulés au cours de la seule année 1968 !
Partie pour battre tous les records alors qu'elle est à présent produite dans de nombreuses usines de par le monde, la Coccinelle monopolise logiquement presque toute l'attention de sa maison mère. Cette dernière s'autorise toutefois la construction du très populaire Combi, qui tire directement ses organes de la voiture leader de la marque, ainsi que de l'élégant coupé Karmann-Ghia, qui, lui aussi, hérite de nombreuses pièces de la « Cox », dont son paisible moteur. Le modèle n'en connaîtra pas moins un beau succès d'estime, notamment aux États-Unis.
Mais, en misant presque exclusivement sa force de production sur son modèle unique, dont la conception remonte aux années 1930, Volkswagen s'expose à un danger certain, malgré plusieurs remises à niveau. Alors que l'on imagine aisément les dirigeants de la marque réfléchir à un après-Coccinelle, est-ce pour trouver d'autres débouchés que, un beau jour de 1965, ils

La « Cox » n'en finit pas de susciter des vocations. Voici le fruit de l'alliance entre le bureau de style Ghia, le carrossier Karmann et Volkswagen.

La Karmann-Ghia, ici dans sa version cabriolet, connaîtra un beau succès en Amérique.

décident de racheter à Daimler-Benz le groupe Auto Union ? De ce fier consortium d'avant guerre, qui symbolisa la fusion des marques Horch, Wanderer, Audi et DKW, seule la dernière nommée a survécu, produisant des voitures mues par des mécaniques à deux temps. Dans la dot que laisse Daimler-Benz, Volkswagen va pouvoir profiter du projet abouti d'une DKW baptisée F 102 et motorisée, cette fois, par un quatre-cylindres d'origine Mercedes. Afin de donner une nouvelle dynamique au groupe Auto Union, Volkswagen décide de ressusciter le nom Audi. Quelques retouches esthétiques sur la F 102 – notamment au niveau de sa face avant, dont les formes deviennent plus rectilignes – achèvent cette première mission de reconstruction. L'Audi 60 voit ainsi le jour, suivie quelques années plus tard de l'Audi 80, qui intégrera des mécaniques plus puissantes. Le succès est au rendez-vous, mais la vie n'est pourtant pas simple au sein de l'usine d'Ingolstadt.

Si les nouveaux propriétaires voient d'un bon œil la renaissance d'Audi, ils lorgnent surtout sur l'unité de production récemment acquise pour fabriquer encore et toujours plus de Coccinelle. Aussi, Ludwig Kraus, le directeur du développement – mis en place par Mercedes avant le rachat du groupe –, va devoir batailler ferme pour persuader les dirigeants de Volkswagen de laisser Audi développer ses propres produits. L'homme finit par convaincre, et c'est ainsi que sort à partir de 1968 le tout premier modèle conçu intégralement au sein de la nouvelle entité.

Cet acte fondateur de la résurrection d'une marque qui va adopter comme emblème les quatre anneaux d'Auto Union est matérialisé par l'Audi 100, une berline aux dimensions plus généreuses que celles des modèles 60 et 80. L'ensemble ne manque pas de cachet, avec une ligne sobre et élégante, et un choix de motorisation allant de 80 à 100 ch. L'offre est complétée d'une version à deux portes, puis d'un coupé. Tandis que les chiffres de vente atteignent rapidement un niveau significatif, le groupe Volkswagen absorbe également la firme NSU, mais il n'a probablement pas encore conscience de l'inestimable pépite qu'il vient de ressortir du néant…

Ressuscitée en 1965 par le groupe Volkswagen, la marque Audi adopte les quatre anneaux d'Auto Union et se relance en 1968 avec le modèle 60.

Fin 1969, Audi présente son premier modèle vraiment maison avec cette berline de standing qu'est la 100.

Face à l'empire qu'est en train de bâtir Volkswagen, avec son dynamique président Heinrich Nordhoff – qui restera aux commandes du groupe jusqu'à sa mort, en 1968 –, une autre marque allemande connaît bien des difficultés à survivre. Après l'aviation – dont elle tire son logo bleu et blanc représentant une hélice stylisée –, puis la moto, la société Bayerische Motoren Werke (BMW) s'est tournée avec succès vers l'automobile, produisant notamment la magnifique et très performante 328.

Le second souffle de BMW

Après guerre, la firme munichoise a tenté la relance avec d'imposantes berlines, la 500 et la superbe – mais très élitiste – 507. Ces modèles ne permettent malheureusement pas de remplir les caisses du constructeur, qui s'est également essayé à une microvoiture, élaborée par la firme italienne Isetta. Le joli succès de cette petite machine va pousser la marque allemande à développer le concept de la petite auto avec le modèle 700, lancé en 1958. Nous sommes là en présence d'un « vrai » quatre-roues, imaginé par l'importateur BMW en Autriche et dont le design a été finalisé par Michelotti. La mécanique, refroidie par air et placée en position arrière, reste celle d'une moto, mais elle est portée à 697 cc. Elle développe l'honorable puissance de 30 ch, permettant à la petite BMW des performances très

Tout comme Audi, BMW revient de loin. La marque peut entrevoir un avenir radieux grâce au succès de l'excellente 1500.

BMW adopte rapidement une politique d'évolution de la puissance au sein de sa gamme, à l'image de la performante 1800.

correctes. Au bord du gouffre au lancement de la 700, le constructeur a eu le mérite de continuer à croire à la survie de l'entreprise, qui est cependant sur le point d'être rachetée par le groupe Daimler-Benz. Mais un homme va s'opposer fermement à ce rachat. Actionnaire minoritaire de longue date de la marque, Herbert Quandt est un riche industriel allemand, et sa foi en BMW, appuyée par le personnel, va le pousser à racheter une partie de la société pour en prendre bientôt le contrôle. Et c'est ce même homme qui va être le détonateur d'un projet déjà dans les cartons depuis de longs mois, celui d'une automobile de « nouvelle classe », en l'occurrence une berline de taille moyenne en adéquation avec une forte demande de l'époque. C'est au Salon de Francfort 1961, avec le modèle 1500, qu'est lancé le fruit de la nouvelle politique de BMW. Le design de la belle est le résultat d'une collaboration entre le bureau de style maison et l'Italien Giovanni Michelotti. D'une grande sobriété, la silhouette de la petite dernière est parfaitement rectiligne, avec une jolie face avant à pan coupé dont le sommet pointe, conférant ainsi une certaine agressivité au modèle. Le fameux double haricot trône au centre de la calandre, et il est encadré de fines baguettes chromées qui englobent les phares. Jetant toutes ses forces dans la bataille, BMW a également conçu un tout nouveau moteur pour l'occasion, un quatre-cylindres de 1 500 cc coiffé d'une culasse en aluminium. Élégante, spacieuse et performante, cette automobile de l'avenir reçoit un accueil enthousiaste de la

Parmi les grandes marques allemandes, c'est sans aucun doute Mercedes qui a retrouvé en premier son lustre d'antan, comme le démontre cet élégant coupé 280 SE Type W111.

Spacieuse, la Mercedes 600 l'est indéniablement, au point de pouvoir accueillir six portes latérales !

C'est pour le pape Paul VI que Mercedes construira cette spéciale 600 Pullman Landaulet, dont l'arrière est découvrable.

part d'un public qui attendait depuis longtemps une voiture dans ce type de gamme. Vendue à un prix élevé, la BMW justifie son tarif par des prestations de haut niveau grâce à son excellent moteur, ses freins avant à disque et son pont arrière suspendu, qui lui permet de disposer de quatre roues indépendantes. Mais le constructeur ne se contente pas de ce premier opus. La gamme est très rapidement tirée vers le haut, avec l'arrivée d'un moteur de 1 773 cc qui donnera à la 1500 – devenue pour l'occasion 1800 – des performances de premier ordre, notamment dans sa version Ti développant 110 ch. La montée en gamme se poursuivra encore avec la 1600 – qui remplacera

Seule et unique place à l'arrière de la papamobile Mercedes, ce fauteuil annonce un divin confort !

défintivement la 1500 en 1964 – puis, à partir de 1966, toute la série des 2000. Avec ses berlines confortables et dotées d'un sens certain de l'efficacité et de la performance, BMW a trouvé son créneau, celui de l'automobile de grande diffusion version premium.

La voiture sacrée

Mercedes-Benz, de son côté, n'a pas attendu les années 1960 pour retrouver son prestige. La décennie précédente fut celle de la somptueuse 300 SL « papillon » et de la séduisante 190 SL, sans oublier la jolie gamme des Mercedes 180 dites « ponton », apparues en 1954. Forte de ces succès, la marque introduit en 1959 le Type W111, une berline cossue motorisée notamment par de puissants six-cylindres. Volumineux, robuste et sûr, ce modèle également disponible en Diesel participera largement à la réputation de qualité du constructeur allemand, fabricant de voitures statutaires synonymes de réussite sociale.
De réussite sociale, il en est justement question à l'heure d'envisager l'achat d'une Mercedes 600. La firme de Stuttgart n'en est pas à l'élaboration de son premier véhicule de grand prestige, elle qui a déjà fourni nombre de dignitaires politiques avant ou après la guerre. Mais, au terme de sept années de travail et de développement, l'entreprise va s'attaquer à ces sommets de l'automobile que représentent Rolls-Royce, Bentley, Lincoln et consorts. Et la nouvelle géante à l'étoile avance quelques arguments. Ses 554 centimètres (624 dans la version Pullman) ne manquent pas de noblesse. Comme la 230 SL « Pagode », dont elle est contemporaine, la 600 est née d'un dessin de Paul Bracq. On retrouve sur ce modèle des formes droites, magnifiées par des éléments de chrome et d'Inox soulignant

Symbole de la réconciliation franco-allemande, le général de Gaulle et le chancelier Konrad Adenauer défilent ensemble devant leurs troupes respectives au camp de Mourmelon en 1963.

les montants de pare-brise, mais aussi l'arche des roues et les bas de caisse. L'immense capot, qui annonce l'incontournable radiateur reconnaissable entre tous, abrite quant à lui un V8 de 6 332 cc doté d'une très moderne injection. Contrairement au propulseur des Rolls-Royce, le bloc Mercedes n'a pas peur d'annoncer sa puissance, portée à 250 ch pour un paisible régime de rotation de 4 000 tr/min. De quoi, tout de même, dépasser les 200 km/h dans le silence le plus total de la boîte de vitesses automatique à quatre rapports. Comme pour une voiture de sport, le comportement routier a fait preuve de beaucoup d'attention, ainsi qu'en témoigne la suspension pneumatique, dont on peut commander les réglages depuis le tableau de bord. À l'intérieur, c'est bien entendu un feu d'artifice d'équipements qui attend les passagers et leur chauffeur, cette limousine destinée aux grands de ce monde étant rarement conduite par son propriétaire. Vitres électriques, condamnation centrale des portes, climatisation, ouverture électrique du coffre sont au programme d'une auto personnalisable à souhait selon les caprices de ses utilisateurs. Outre la version Pullman, une série de spectaculaires Landaulet à six portes sera également construite, avec des sièges face à face pour les passagers arrière. La papauté se laissera également séduire avec un très spécial Pullman Landaulet doté d'un seul et immense fauteuil dédié à Paul VI. Une vraie bénédiction pour Mercedes qui, avec cette magistrale 600, renforcera un peu plus son image et son prestige dans le domaine automobile.

« Après la Seconde Guerre mondiale, acheter un produit germanique était un peu compliqué : cela ne se faisait pas. Mais, à partir de 1963, quand le général de Gaulle serre la main du chancelier Konrad Adenauer, tout change. On se remet à acheter allemand, et notamment ces automobiles qui, depuis longtemps, ont une réputation de robustesse et de fiabilité. Elles sont chères, certes, mais, en comparaison avec les voitures italiennes de l'époque, par exemple, on sait que l'on acquiert à coup sûr un produit de qualité. »

Muscle cars

Quelle folie s'est donc emparée de Detroit, capitale de l'automobile américaine? Loin des réalisations pragmatiques des constructeurs européens, les marques de ce que l'on appelle encore la lointaine Amérique développent deux concepts en parallèle. D'une part, les *pony cars*, ces voitures personnalisables à l'envi à l'aide d'une longue liste d'options; d'un autre côté, les *muscle cars*, qui engagent une folle course à la puissance.

Avec la Jeep et la Lincoln Continental, la voiture d'outre-Atlantique n'en finit pas d'impressionner l'Europe, jouant sur les extrêmes entre un frustre engin tout-terrain synonyme de délivrance au soir de la guerre et l'incroyable vaisseau de la route – mi-avion mi-voiture aux formes spectaculaires – illustrant la toute-puissance d'une Amérique conquérante. À croire qu'il n'existe pas aux États-Unis d'automobiles de taille moyenne ou compacte pour les foyers aux revenus modérés. Certains modèles locaux répondent pourtant à cette demande, mais les voitures produites sur le Vieux Continent semblent nettement plus compétitives dans ce secteur, à l'image du succès de la Volkswagen Coccinelle, plébiscitée outre-Atlantique pour son look décalé, sa simplicité et sa robustesse. On se souvient également de l'engouement pour la Renault Dauphine sur ce même sol américain, même si, après un vrai élan de sympathie, la petite française s'était révélée techniquement mal adaptée aux routes et aux usages des États-Unis, d'immenses stocks de voitures invendues ayant dû être rapatriés après avoir été plus ou moins détériorés par un long séjour en extérieur, dans l'attente de clients.

Construire son rêve

Cette vision d'une automobile américaine populaire, raisonnable mais ambitieuse – et donc apte à séduire les diverses couches sociales –, c'est le directeur de Ford, Lee Iacocca, qui va s'en emparer le premier. Avec sa Mustang, il invente le concept *pony car*, celui d'une berline de taille moyenne aux lignes modernes et sportives, sans excès de chrome, et avec des formes droites et rectilignes, à l'image des tendances stylistiques courant sur le Vieux Continent. Sur cette base financièrement abordable, Iacocca et Ford vont proposer un très grand catalogue d'options touchant l'équipement, la présentation et les motorisations de la Mustang, permettant à chacun de la personnaliser par rapport à ses goûts, ses envies ou ses finances. Et le choix est vaste, car entre le très tranquille six-cylindres et l'énorme V8 tel que les Américains en produisent depuis longtemps, chacun des grands constructeurs de Detroit dispose de tous les ingrédients mécaniques pour muer une paisible berline familiale en un cocktail

Lorsque Carroll Shelby, le père des Cobra, se penche sur la Ford Mustang, il en fait une très méchante GT 500.

Difficile de résister à une promenade dans une voiture aussi attachante qu'une Ford Mustang cabriolet…

« Durant les *sixties*, rouler dans une américaine était réservé aux stars. C'était la frime absolue, il fallait oser. Les voitures d'outre-Atlantique avaient une image de démesure qui les rendait inaccessibles aux yeux du grand public. Au volant, il fallait aussi prendre garde à ne pas rater une station-service quand vous étiez sur la fin du réservoir, tant ces modèles étaient gourmands en essence. Et puis, la plupart d'entre eux avaient un gros défaut : ils étaient tout simplement trop volumineux pour nos petites routes françaises ! C'est d'ailleurs pour cette raison que la Ford Mustang a connu un certain succès chez nous. Elle avait un gabarit proche de nos standards habituels, ce qui en faisait une alternative originale aux modèles européens. »

détonant capable d'affronter n'importe quel concours d'accélération. Fin 1964, avec une gamme de puissance allant de 101 ch avec le six-cylindres à 271 ch avec le V8 Challenger 4,7 litres, l'offre de Ford a de quoi non seulement contenter tous les publics, mais également mettre le feu aux poudres du marché américain, enthousiasmé par une automobile tellement en phase avec les attentes des clients.

Mais si la marque et son inspiré dirigeant sont les incontestables inventeurs du concept *pony car*, il faut rendre à César ce qui appartient à César. Car, quand Chevrolet, avec sa maison mère General Motors – grande rivale de Ford, qu'elle domine alors en termes de volume de ventes –, sort son Impala en 1961, on voit bien que le géant de Detroit tend déjà vers une voiture plus « démocratique », adaptable

Cette Chevrolet Impala Custom avec hard-top confirme l'abandon des excès esthétiques par les designers américains.

Tons bicolores, volant et tableau de bord stylisés : le souci du design se retrouve dans les moindres détails de cette Chevrolet Impala.

selon les versions aux moyens de divers clients. L'Impala n'est pas un modèle d'entrée de gamme, loin s'en faut, mais elle présente des lignes adoucies sans ailerons outranciers et un format plutôt compact. Outre un pare-brise et une lunette arrière aux spectaculaires formes convexes, la Chevrolet, avec son toit rigide, se distingue par l'absence de montants entre les portes, donnant un sentiment d'espace et de clarté à l'habitacle. À la mi-1961, une version très spéciale est lancée, dont les mérites seront vantés par les Beach Boys dans une de leurs chansons, intitulée *409*, soit la cylindrée en *cubic inches* de cette fameuse Impala SS. Pour cette grande première consistant à faire rentrer une horde de chevaux sous le capot, on n'y est pas allé de main morte du côté de Detroit, puisque ce sont entre 305 et 350 unités de puissance que développe l'américaine, selon la palette de *performance parts* – « pièces spéciales » – que l'acheteur aura greffé au 6,7 litres pour en extirper le meilleur.

On n'est décidément pas raisonnable chez GM… quoique. Si la direction vient tout de même d'émettre le souhait de se désengager de la compétition et d'interdire de trop puissants moteurs pour ses voitures de gamme moyenne, c'est exactement le contraire qu'est en train de concocter John Zachary DeLorean, l'ingénieur en chef de Pontiac, propriété de General Motors. Sous couvert d'essais, l'homme va faire passer ce qu'il a de plus gros comme propulseurs sous le capot de la Pontiac Tempest, une berline de classe moyenne. Enchanté du résultat, DeLorean finalise le projet tout en parvenant à convaincre le *board* de Pontiac de le commercialiser sous l'appellation GTO, reprenant la dénomination d'une célèbre Ferrari. Si l'objectif commercial est fixé à 5 000 exemplaires vendus dans l'année, ce sont six fois plus d'unités qui seront

Et dire que ce grand cabriolet Impala de 1961 pouvait délivrer jusqu'à 360 ch dans sa version SS !

écoulées, pour un total de 207 000 clients convaincus en seulement trois ans. Point fondamental de ce phénomène qui vient de naître, et que l'on va baptiser le mouvement des *muscle cars,* il permet à Pontiac de s'attirer la sympathie de la jeunesse, qui rêve de posséder cette voiture si épicée affichant des prestations proches d'un engin de compétition sous des dehors de modèle de série. De nombreux constructeurs américains vont lui emboîter le pas, mais Ford refusera cette philosophie pour sa nouvelle Mustang, dotée d'un format nettement plus compact.

La cavalerie répond présent

La course à la puissance est désormais lancée. Plus aucun constructeur américain ne peut se passer de ces versions spéciales qui, à elles seules, tirent vers le haut la popularité d'un modèle. C'est alors au tour de Plymouth, marque du groupe Chrysler, de donner la réplique. Reprenant l'imagerie animale, la marque lance en 1964 – deux semaines avant la Mustang – sa nouvelle Barracuda, développée à partir de la gamme Valiant. Celle que ses fans appellent la « Cuda » est, comme le modèle de Ford, une deux-portes assez compacte. Elle se présente sous les traits d'une carrosserie fastback faite d'une énorme lunette arrière, ainsi que d'une calandre séparée par un large élément de carrosserie peint de la même couleur que le reste du véhicule. Trop proche de la paisible berline Valiant, dont elle reprend partiellement la plastique, la Plymouth n'aura pas assez d'arguments pour lutter efficacement contre la Mustang, malgré un ultime modèle lancé en 1970 qui restera, et de loin, la version la plus réussie et la plus recherchée de cette voiture aux accents sportifs.

Conçus deux ans plus tard sur une base identique, deux bolides vont s'octroyer quant à eux une part de marché nettement plus importante, tout en étant le prélude à une longue déclinaison dans les décennies suivantes. Face au dérangeant succès du rival historique Ford, qui profite pleinement de sa Mustang, on a mis les bouchées doubles chez General Motors pour trouver une réplique efficace au petit coupé de la firme à l'ovale bleu. Dévoilée en septembre 1966, la Chevrolet Camaro est disponible en cabriolet ou en coupé quatre places. Contrairement à sa sœur, la Corvette, elle n'a pas les attributs d'un coupé purement sportif, mais présente la ligne moderne d'une berline compacte apte à faire le bonheur d'une famille. Si, en plus, le papa aime bien les accélérations fortes, la Camaro peut répondre présent dans sa version SS/RS. Et, en cette époque où les *muscle cars* sont très en vogue, une ligne attrayante et des accélérations de dragsters peuvent suffire pour élever n'importe quel modèle au rang

La Plymouth Barracuda se pose en rivale de la Ford Mustang. Disponible en cabriolet ou en carrosserie fastback, elle peut aussi se doter d'un gigantesque V8…

La Barracuda se décline en versions adaptées à tous les types de conducteurs.

Les sensations fortes sont au programme de Chevrolet, avec la surpuissante Camaro SS (à gauche) et la sportive Corvette (à droite).

de voiture de très grande qualité ! Dans sa politique de rationalisation de ses productions, le groupe GM va aussi faire profiter Pontiac de cette base développée autour de la Camaro. Après deux titres dans le championnat Nascar – ces compétitions réservées à des berlines modifiées et courues le plus souvent sur des circuits ovales – il apparaît logique pour Pontiac de proposer dans sa gamme un modèle aux allures résolument modernes et sportives. Sortie quelques mois après la Camaro, la Pontiac Firebird en reprend de nombreux éléments, telles les portes ou les ailes arrière. En revanche, elle s'en différencie assez radicalement par le dessin de sa carrosserie, notamment dans la partie avant, avec une nervure très marquée sur le capot moteur, et une calandre à quatre phares séparée en son milieu par un épais mât. Très dynamique, cet « oiseau de feu » présente une ligne

Que ce soit en cabriolet Super Sport ou en version coupé, la Camaro arbore des lignes modernes et très dynamiques.

La Chevrolet Camaro SS justifie son allure sportive en devenant le *pace car* officiel des 500 Miles d'Indianapolis en 1967.

extrêmement séduisante que l'on imagine tout à fait capable d'aller chercher un succès d'estime sur le sol européen. Sur un empattement identique à celui de la Camaro, deux carrosseries sont disponibles : l'inévitable cabriolet et un coupé hard-top. Extrêmement sportive et plus élitiste que l'entrée de gamme de la Mustang, la plus frêle des mécaniques de la Firebird est, dès 1967, un six-cylindres de 3372 cc développant entre 165 et 215 ch. Après un bon début, cette voiture sera pourtant rapidement délaissée par une clientèle bien davantage intéressée par le symbole mécanique de l'Amérique qu'est l'incontournable V8 ! La cylindrée fait alors un bond à 5346 cc pour culminer à 6,5 litres et une puissance avouée de 325 ch. Baptisée 400 dans cette version, la Pontiac s'affuble de deux prises d'air sur le capot moteur et d'une décoration spécifique à la guise du client.

Mais, dans ce concert à très gros pistons, une autre machine va tout particulièrement marquer les esprits. Lancée en 1966 – le 1er janvier, très précisément, augurant une année décidément riche en automobiles totalement déraisonnables –, la Dodge Charger épate la galerie avec sa carrosserie fastback au look agressif et sa calandre escamotable, faite d'une large grille chromée masquant les

Avec un puissant V8 boosté par des pièces de haute performance, Pontiac sait comment ensorceler votre Firebird.

phares. L'intérieur du bolide suggère également l'esprit de la course automobile, avec un tableau de bord rectiligne percé de quatre gros compteurs. Dès son lancement, le modèle proposera un moteur digne de sa réputation, dont un terrible *big bloc* de près de 7 litres, le fameux V8 Hemi, qui tient son nom de sa culasse hémisphérique équipant les modèles les plus furieux. De quoi passer de 0 à 100 km/h en 5,5 secondes, et faire des jaloux dans les concours d'accélération ! La Charger marquera l'apogée des *muscle cars* en 1968 avec sa version Rapid Transit (R/T). Ses freins seront de taille supérieure et les pneus seront élargis, tandis que la suspension, modifiée, aura pour mission de maîtriser le souffle du 7,2 litres,

Cousine de la Camaro, la Pontiac Firebird s'en différencie par une face avant originale, avec une imposante calandre en deux parties.

dont l'énorme couple se délivre à plein dès le régime de 3 200 tr/min. Douce et progressive dans le trafic urbain, la Charger R/T se transformera en fusée au moindre coup de gaz, plaquant ses passagers contre le dossier des sièges, les roues arrière partant en fumée dans le grondement sourd du colossal V8 qui respire sous le capot…

La Dodge Charger apparaît menaçante, avec sa calandre masquant des phares escamotables.

Un insecte bondissant

Loin de ces excès, bientôt réprimés par des lois en faveur de la sécurité et de la lutte antipollution, un homme va, de son côté, inventer une voiture tout aussi *fun,* mais à l'esprit totalement différent. Vivant dans le sud de la Californie, Bruce Meyers, un ancien des batailles du Pacifique contre les Japonais, a acquis une certaine expérience dans le maniement de la fibre de verre, matière avec laquelle il a construit des coques de bateau. Voyant un groupe de jeunes s'amuser à bondir à travers les dunes à bord de vieilles Jeep dépouillées d'une partie de leur carrosserie, l'homme a l'idée d'élaborer un véhicule spécifique pour ces balades dans le sable. Son modèle pourrait en outre également participer à ces typiques compétitions locales que l'on appelle *bajas,* organisées dans les déserts californiens ou mexicains. En partant initialement de la base de son Combi Volkswagen, Meyers construit de ses mains une carrosserie spécifique en fibre de verre, qu'il adapte d'abord sur un châssis tubulaire. Sans porte ni capot moteur, et avec des porte-à-faux très courts, l'ensemble détonne. Trop coûteuses à produire avec leur structure tubulaire, ces carrosseries viendront par la suite se greffer sur un châssis de Coccinelle raccourci, ce qui permettra de réduire nettement le prix de revient. Le résultat est à la hauteur des espérances de son concepteur Le Meyers Manx fait preuve d'une belle capacité de franchissement sur les dunes et les plages, tandis que son look très séduisant, avec ses gros feux à l'avant et sa mécanique visible à l'arrière, en fait très vite l'icône de l'Ouest américain. Le succès est d'autant plus foudroyant que tout un chacun peut adapter le fameux kit Meyers Manx sur n'importe quel châssis roulant. De milliers de ces kits seront ainsi produits, tandis que le monde entier va copier le célèbre buggy, ou « insecte des dunes » !

Autre mythe, autre symbole de l'Amérique, l'extraordinaire buggy à mécanique Volkswagen naît en Californie au milieu des années 1960.

Place aux stylistes

Pratique et robuste, l'automobile représente la clé de toutes les libertés depuis la fin de la guerre. Mais, après avoir œuvré essentiellement sur des véhicules de grand prestige, les carrossiers, devenus designers, placent la voiture dans une autre dimension. Une vision esthétique et un élan créatif venus notamment d'Italie.

L'image du carrossier façonnant le délicat profil d'acier ou d'aluminium d'une automobile est à présent révolue. Connus et reconnus avant guerre et jusqu'à la moitié du xxe siècle, ces hommes dont le métier remonte à l'entretien des carrioles tirées par les chevaux ont peu à peu disparu. Les constructeurs proposent désormais eux-mêmes différents types de carrosseries habillant un même châssis, se substituant ainsi à ces fournisseurs hier incontournables. En France, où régnait une intense activité dans ce domaine, ne subsistent plus que quelques sociétés mi-artisanales mi-industrielles, dont l'une des plus connues est Chapron. Ce métier de la haute couture sur métal a laissé un savoir-faire, mais c'est désormais en Italie qu'il s'exprime le mieux.

Giuseppe Bertone va diriger avec génie son bureau de style au lendemain de la Seconde Guerre mondiale.

Deux enseignes transalpines ont su prendre le virage des années 1950 pour se diversifier. Dans un pays où foisonne un indéniable esprit créatif, les maisons Bertone et Pininfarina, tout en poursuivant leur métier de base de carrossiers, se sont ouvertes au design industriel, dessinant pour le compte de constructeurs maquettes, études et prototypes de futurs modèles. Dessin d'un phare, courbure d'un profil, agencement d'un tableau de bord, ces firmes devenues des bureaux de style mettent à profit leur vaste expérience

Bertone livre sa version de la Chevrolet Corvair avec ce concept Testudo datant de 1963.

Méconnue, l'italienne Iso Grifo fut pourtant une vraie concurrente des Ferrari, Maserati ou Lamborghini dans les années 1960.

du quatre-roues pour imaginer des concepts originaux et imposer des codes stylistiques nouveaux. Ce courant va très largement influencer les formes de l'automobile des années 1960.

Le marteau et le crayon

Giovanni Bertone est entré en communion avec la voiture dès 1907, puis a fondé sa propre entreprise d'entretien et de fabrication de carrosseries en 1912. Sa première œuvre complète, réalisée pour le compte de Fiat, date de 1921. Par la suite, c'est avec le génial inventeur et concepteur Vincenzo Lancia que la firme se développera, réalisant de nombreuses carrosseries monocoques pour le dynamique constructeur italien. Après Giovanni, Nuccio, le fils du fondateur, donne un souffle nouveau à l'entreprise à partir du milieu des années 1930. Sous son impulsion, Bertone se remet à étudier des concepts de carrosserie inédits sur des bases de Fiat et de Lancia, mais également de MG. Parmi ses œuvres, qui se signalent par leur originalité, la plus connue reste sans conteste la Giulietta d'Alfa Romeo, lancée en 1954. Ce modèle se verra offrir deux ans plus tard une fameuse descendance, la Giulietta Sprint Speciale, marquée par ses importants porte-à-faux et des lignes d'inspiration aéronautique. Production de carrosseries en série d'un côté, bureau de style pour de nombreux clients de l'autre, Bertone va révéler de très nombreux talents qui marqueront à jamais le design automobile. Franco Scaglione, Giorgetto Giugiaro ou Marcello Gandini, notamment, seront ainsi formés à l'école Bertone. Si Scaglione a marqué les esprits dans les années 1950 avec son travail pour le compte d'Alfa Romeo, la jeune génération des Giugiaro puis Gandini va faire parler d'elle dans les années 1960. Le premier nommé se signalera par son interprétation d'une GT italienne apte à rivaliser sans complexe avec les Ferrari, Lamborghini ou Maserati, l'Iso Grifo. Cette superbe Grand Tourisme aux courbes fines et élancées avait en effet tout pour concurrencer les plus prestigieuses enseignes, avec son design de rêve et l'avalanche de puissance délivrée par de gros V8 en provenance de Chevrolet. Seul le manque de notoriété de la marque empêchera une plus large diffusion de la Grifo. En 1968, Giorgetto Giugiaro s'en ira fonder sa propre société, Ital Design.

La merveille des arènes

Quant à Marcello Gandini, le collègue de Giugiaro chez Bertone, il sera à l'origine d'une réalisation particulièrement inspirée, la Lamborghini Miura, du nom d'un élevage de taureaux parmi les plus combatifs et les plus fougueux. Dans sa rivalité avec Enzo Ferrari – dont il fut client avant

Cette esquisse montre déjà des lignes très proches de la version finale du projet Lamborghini Miura.

La Lamborgini Miura n'a aucun pedigree sportif, mais son allure et ses prestations n'en sont pas moins extraordinaires.

de s'y opposer farouchement –, Ferruccio Lamborghini ne s'interdit rien. Seule la course ne l'intéresse pas, au désespoir de ses ingénieurs Gian Paolo Dallara, Paolo Stanzani et Bob Wallace, formés à l'école de la compétition. Si ces derniers ne parviendront pas à faire évoluer leur patron sur ce point, le trio va être à l'origine de l'une des plus fantastiques voitures de sport de tous les temps. Pour ce modèle, les concepteurs vont appliquer le meilleur des innovations techniques développées en course. Pour limiter la longueur de l'empattement et favoriser la répartition des masses, le magnifique V12 maison de 3929 cc est installé en position centrale arrière dans un châssis aux caissons en tôle d'acier ajourés et soudés. La boîte de vitesses, à l'instar de la Mini d'Alec Issigonis, se positionne sous le moteur, tout comme le différentiel, ce qui permet d'avoir des arbres de transmission de taille égale. La suspension est elle aussi très élaborée, avec des triangles superposés et des ressorts hélicoïdaux à chaque roue. L'œuvre est présentée en novembre 1964 à Ferruccio Lamborghini qui, ravi, décide sur-le-champ de la produire, refusant cependant tout engagement en compétition.

Très aboutie sur le plan technique, avec un fantastique V12 4 litres développant 350 ch à 7000 tr/min, la Miura séduit au premier coup d'œil les visiteurs du Salon de Genève 1966. La ligne du modèle est tout simplement époustouflante. Âgé de 27 ans seulement, Gandini vient de signer, sans excès de superlatifs, un pur chef-d'œuvre. Aucun élément aérodynamique ne vient altérer une ligne basse dont émane une incroyable sensation de puissance. Même les grandes prises d'air, positionnées dans le but de refroidir le moteur et les freins arrière, s'intègrent parfaitement à l'ensemble, faisant un lien esthétique entre les parties haute

Outre son style, la Miura adopte des choix novateurs, comme son moteur en position centrale arrière.

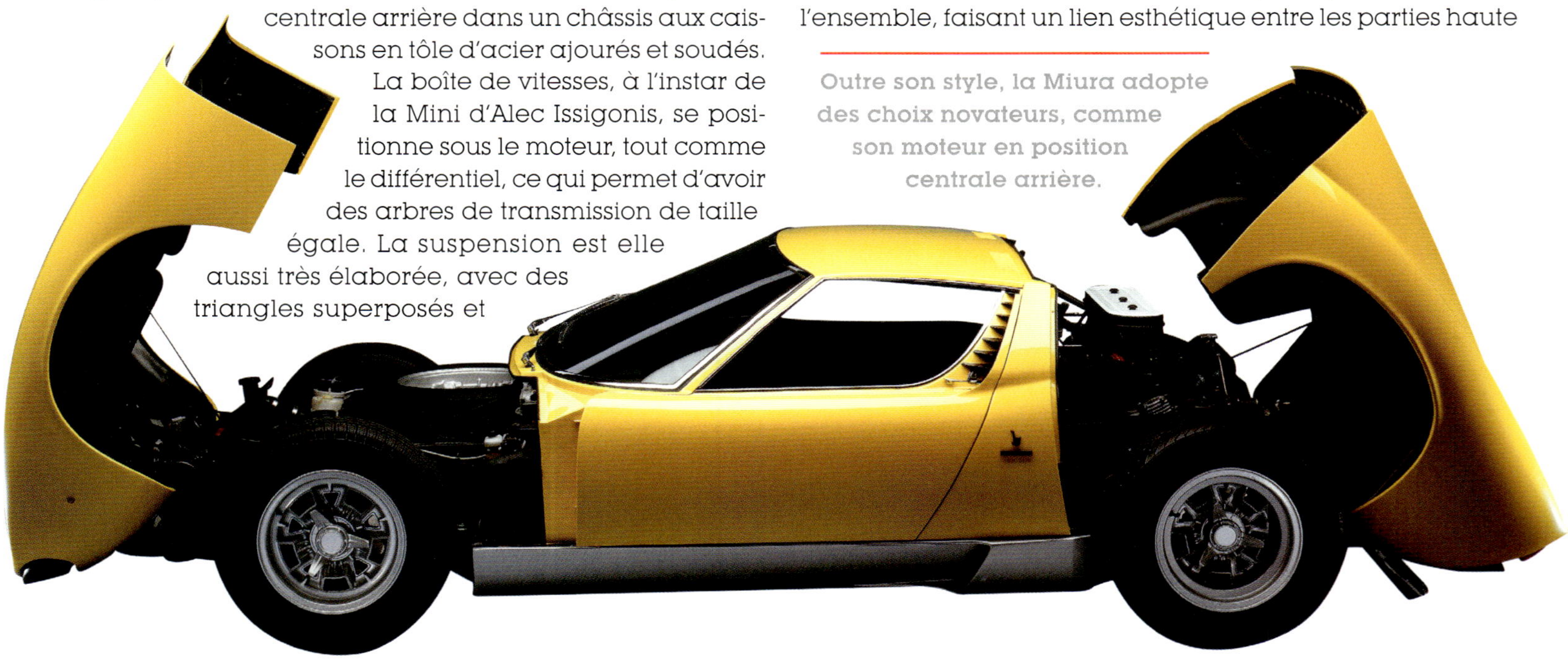

Difficile de parler de travail à la chaîne chez Lamborghini. « Artisanat » et « haute couture » semblent bien plus appropriés.

et basse de la carrosserie. Le résultat, issu d'une longue étude en soufflerie, est une ligne à la beauté intemporelle. Plaisir pour les yeux, la belle de Sant'Agata, dans les environs de Bologne, recèle d'autres jolies surprises, à l'image de sa carrosserie en trois parties découvrant tous les trésors de technologie italienne.

La Miura lancée sur les chemins de la postérité, Bertone peut continuer sa quête d'innovation, d'audace et même de provocation. Lié de longue date avec Alfa Romeo, le bureau de style italien reprend la suite de l'œuvre élaborée avec le fameux concept car Alfa BAT (pour Berlinette Aerodinamica Tecnica). De ses formes extrêmement profilées va naître un nouveau dessin, celui de l'Alfa Carabo – « scarabée » –, qui reprend les reflets dorés et la fameuse teinte verte de la carrosserie de son aînée. Si la mode des courbes et des galbes n'est plus à l'ordre du jour dans ces années 1960, Gandini va tout de même pousser cette tendance à l'extrême avec ce modèle révélé en 1968. L'artiste-designer invente là une voiture cunéiforme : l'immense pare-brise, fait d'un procédé révolutionnaire composé de deux minces feuilles de verre avec un film de plastique doré inséré entre elles, est dans le

Avec l'extraordinaire Alfa Romeo Carabo, Bertone renonce à tout jamais aux formes courbes !

C'est avec la 403 que Peugeot et Pininfarina initieront leur collaboration, pour de fructueuses décennies.

parfait prolongement du capot avant. Ce dernier se signale en son extrémité par une bande orange métallisée ceinturant totalement sa surface. Haute de seulement 99 centimètres – à comparer, par exemple, avec les 113 centimètres de l'Alpine-Renault A110 –, l'extraordinaire Carabo impose de la souplesse à ses occupants, qui accèdent au cockpit futuriste de cette auto furtive par des portes se relevant à la verticale.

La merveilleuse Dino 246 GT sera la première Ferrari de grande série à accueillir un moteur en position centrale arrière.

L'union sacrée

Plus classique sera la démarche de l'autre grande maison italienne de design automobile, Pininfarina. Nous sommes encore là en présence d'une histoire de famille, initiée par Gian-Battista Pinin Farina en 1930. D'abord avec Lancia, puis en dessinant la splendide Cisitalia 202 – qui aura plus tard les honneurs du MoMA (Museum of Modern Art) de New York –, Pinin Farina a déjà séduit les esthètes de l'automobile au milieu du XXe siècle. Et, bien que réputée pour son classicisme, la sérieuse firme Peugeot sera le premier constructeur généraliste à demander à un bureau de style transalpin de dessiner une voiture destinée à la grande série, la Peugeot 403. Le résultat, très réussi, inaugurera une très longue collaboration entre l'entreprise italienne et la marque de Sochaux. À l'heure d'élaborer chaque nouveau modèle, cette dernière mettra ainsi en concurrence son propre centre de style et Pininfarina pour une lutte de prestige qui aboutira à de brillantes réalisations de part et d'autre. On pense bien sûr notamment à la 404, et surtout à ses élégants dérivés coupé et cabriolet.

« Les designers italiens ont inventé la notion de bel objet automobile. Dans les années 1960, les constructeurs transalpins ont d'ailleurs la réputation de privilégier la forme à la qualité de fabrication. Mais le seul argument de la solidité ne suffit plus, et on prête désormais plus d'attention aux lignes et au design de sa voiture. Et il est vrai que posséder une auto dessinée à l'italienne renforce indéniablement son prestige et son aura. »

Parallèlement à ses succès avec Peugeot, la légende de Pininfarina, qui s'écrie à présent en un seul mot, va prendre véritablement corps à sa rencontre avec une marque déjà monumentale malgré sa jeune histoire. Dotés l'un et l'autre d'une forte personnalité – pour ne pas dire plus –, Enzo Ferrari et Gian-Battista Pinin Farina n'étaient à première vue pas faits pour s'entendre. Pourtant, la magie de leurs productions ne pouvait que les rapprocher. Le lien se fera par Sergio Pininfarina, fils de Gian-Battista. En charge de la marque au cheval cabré, Sergio, qui a hérité du génie de son père, va s'accorder à merveille avec les hommes en rouge et contribuer à l'extraordinaire charisme des réalisations de Maranello. Mécanique de feu, carrosserie de rêve, le mythe est en marche :

Le dessin de la Ferrari 250 GT California exprime toute la puissance délivrée par ce modèle.

Produite en Angleterre, dessinée en Italie et dotée d'une mécanique américaine, la Jensen Interceptor est un astucieux cocktail d'un savoir-faire mondial.

la 212 Inter, la 250 GT, la 250 GT California et la 275 GTB vont devenir des icônes réalisées conjointement par les deux marques. Plus qu'une simple collaboration, c'est un véritable partenariat qui lie ces entreprises, au point de permettre à Pininfarina d'avancer ses propres préférences dans la conception d'un modèle, s'accordant un statut très particulier dans une enseigne où nul n'oserait contester la moindre parole du *Commendatore* Enzo Ferrari !

Le maître des lieux répugne à adopter la technologie du moteur placé à l'arrière, un choix technique qui a pourtant fait ses preuves en compétition au tout début des années 1960. « Ce sont les bœufs qui tirent la charrette, et pas l'inverse », a-t-il coutume de dire. Sergio Pininfarina finira pourtant par le convaincre d'adopter cette configuration sur un modèle bien particulier, la Ferrari Dino. Frappé par le décès de son fils unique, qui était atteint d'une dystrophie musculaire, Enzo Ferrari veut rendre hommage à ce fin technicien disparu très jeune. C'est à sa mémoire qu'il réalisera cette voiture de conception totalement novatrice pour la maison. Lors de sa présentation au Salon de Turin, cette auto ne porte d'ailleurs pas le nom de la marque, mais seulement l'appellation Dino 206 GT, signalant ainsi sa différence avec le reste de la gamme. Un tout nouveau V6, sur lequel avait justement longuement travaillé le regretté Alfredo « Dino » Ferrari, est installé en position transversale arrière, permettant l'adoption d'un empattement raccourci et un centrage idéal des masses, ce qui garantit un comportement d'une très grande efficacité à celle que les mauvaises langues appelleront initialement la « Ferrari du pauvre ».

Mais Pininfarina va lui donner ses lettres de noblesse en réalisant un dessin extrêmement réussi, fait d'une face avant effilée, d'élégantes prises d'air latérales et de jolies formes galbées, à l'image de la fameuse lunette arrière concave. En 1969, la Dino montera en gamme avec l'adoption d'un moteur 2,4 litres en fonte, le modèle héritant de l'appellation 246 GT et de performances dignes de rivales de bien plus grosses cylindrées. De quoi permettre à cette Ferrari de battre tous les records de production enregistrés jusqu'alors chez le constructeur italien et d'en faire un des modèles les plus populaires parmi les amoureux de la marque au cheval cabré.

Avec leur carrosserie aluminium posée sur une légère structure en treillis tubulaire, les Aston Martin DB4 et DB5 sont l'œuvre de l'Italien Vignale.

Certaines petites sportives anglaises font appel aux designers italiens, comme la Triumph TR4, dessinée par Michelotti.

Outre Bertone et Pininfarina, d'autres créateurs vont contribuer à l'essor du design transalpin dans l'industrie automobile. Les constructeurs des quatre coins de l'Europe font appel à ces designers pour la réalisation des fameuses carrosseries à l'italienne dont le monde entier raffole. C'est, par exemple, le cas de la marque anglaise Jensen, qui s'adresse au célèbre carrossier et designer Alfredo Vignale pour son modèle Interceptor. Proche de son confrère Michelotti, Vignale collabore avec ce dernier pour la conception de la très réussie Triumph TR4, cette classique d'entre les classiques sportives anglaises, à laquelle les maîtres italiens donnent les attributs du succès. Toujours en Angleterre, la fameuse maison Aston Martin, quant à elle, charge la firme Touring d'habiller d'aluminium ses excellentes DB4 et DB5. Une autre entreprise turinoise, Ghia, laissera sa trace dans l'histoire en signant les lignes de quelques modèles notoires, telles la Renault Floride ou la séduisante Karmann-Ghia, sur base de Volkswagen Coccinelle. Autant de merveilleuses réalisations qui élèvent sans aucun doute les années 1960 au rang de décennie la plus excitante sur le plan du design automobile.

Le dessin de la MG B, ici dans sa version coupé GT, est signé Pininfarina.

Nouvelles du Pacifique

La lutte pour la suprématie automobile que se livrent les États-Unis et l'Europe est désormais sous surveillance. L'industrie japonaise, après s'être longtemps contentée de son marché intérieur, a maintenant des visées expansionnistes. Et, contrairement à certaines idées reçues, elle ne manque pas d'arguments…

Elle pourrait ressembler à une cousine de la Simca Ariane, mais, à y regarder de plus près, c'est un logo inconnu qui orne la face avant de cette automobile. Nous sommes au Salon de Paris 1958 et, fait historique qui, pour l'heure, passe inaperçu, une voiture conçue au Japon est présentée pour la première fois en France. L'initiative est due à la marque Prince, propriété du groupe Tachikawa, producteur d'automobiles depuis 1947. La marque nippone, qui tient son nom du prince Hirohito, empereur du Japon, sera reprise en 1966 par l'entreprise Nissan. Cette dernière fera perdurer à son catalogue la fameuse Skyline, premier signal d'une vaste offensive des constructeurs du pays du Soleil-Levant.
Cette voiture prendra notamment corps avec Datsun, marque historique du groupe Nissan, fondé en 1911 en tant que constructeur d'automobiles. Car, un demi-siècle plus tard, Datsun s'offre un charmant petit coupé qui, révélé au Salon de Tokyo 1961, présente des traits à mi-chemin entre l'Austin-Healey et la future MG B. Cette plastique séduisante a pour objectif de se lancer à l'assaut du continent américain sous le nom de Fairlady. D'abord propulsée par un petit 988 cc, qui ira grandissant jusqu'à un tonique 1,5 litre, cette voiture ne va cesser d'évoluer vers une tendance de plus en plus sportive, mettant en exergue la capacité de progression des Japonais dans la technologie automobile. Pas moins de 40 000 exemplaires de la version 1500 seront ainsi produits, avec une belle percée sur le marché nord-américain.

Être premier suffira

La légende veut que c'est en voyant passer une automobile en 1916 dans son village que Soichiro Honda se prend de passion pour l'univers automobile. La course est son objectif, et non pas pour participer, mais uniquement pour gagner et démontrer la qualité de ses travaux. Pour y parvenir, l'homme fera preuve d'un acharnement sans faille, modifiant et optimisant toutes les mécaniques qui lui passent sous la main. Un accident en course l'écartera des circuits, mais pas de son amour pour la voiture, qu'il complète avec une formation dans le domaine de la métallurgie. Dans un pays plongé dans la pénurie après la Seconde Guerre mondiale, Honda va fabriquer sa première moto, une bicyclette sur laquelle il a adapté un petit moteur à deux temps

Ce modèle Skyline Sport de 1962 est du constructeur Prince, premier japonais à se faire connaître en France.

Le design très européen de la Datsun Fairlady illustre les ambitions d'une marque qui vise le marché américain.

racheté à l'armée et qui servait jusqu'alors de générateur pour des radios. Après ce premier opus tenant plus du bricolage ingénieux que d'une vraie création, notre homme va peu à peu développer plusieurs motos, ainsi que, dès 1951, son premier moteur à quatre temps. En 1959, la marque japonaise fait son apparition au Tourist Trophy de l'île de Man dans la catégorie des petites cylindrées. La technologie et l'organisation mises en place par la petite équipe d'usine spécialement dépêchée pour l'occasion étonne davantage que les performances de ses machines. Mais ce n'est qu'un tour de reconnaissance, et, bien vite, d'excellents résultats viendront couronner les efforts de

Avec une mécanique poussée à 1 600 cc, la Fairlady se positionne comme une alternative intéressante aux petites sportives anglaises.

Autodidacte passionné par la mécanique, Soichiro Honda va être à l'origine d'un géant de l'industrie des équipements et des véhicules motorisés.

Honda, positionnant la marque à l'aile d'aigle comme un adversaire redoutable et redouté dans toutes les compétitions où elle est engagée. En parallèle à cette poussée dans le domaine de la moto, Honda s'intéresse également à l'automobile. Par le biais de la compétition, pour commencer, un univers qui fascine toujours autant le créateur de l'entreprise japonaise. Dès 1964, c'est directement en Formule 1 que l'industriel nippon se lance. Le challenge est osé, mais il lui permettra d'acquérir rapidement une certaine notoriété, malgré un passé inexistant sur le marché des quatre-roues. Dans le même temps, Honda se lance dans la production de voitures civiles avec un modèle dénommé S500, puis S600. Cette voiture est relayée en 1965 par la S800. La fiche technique de cette dernière est extrêmement ambitieuse, à commencer par un fabuleux quatre-cylindres à double arbre à cames en tête tout aluminium, doté d'une technologie inspirée par la moto et lui conférant un rendement inédit pour l'époque. Le petit 800 cc développe en effet 70 ch pour un régime maxi de 8 000 tr/min. Ainsi propulsée, la petite puce japonaise de 3,33 mètres de long et 1,22 mètres de haut atteint les 158 km/h dans le miaulement aigu de sa brillante mécanique. Disponible en version coupé ou cabriolet, la Honda S800 va recevoir un accueil chaleureux, l'auteur et dessinateur Franquin en faisant même la partenaire automobile de son duo Spirou et Fantasio. Mais cette mécanique sophistiquée nécessite un entretien délicat que le réseau européen, encore

En 1969, le pilote de F1 Jean-Pierre Beltoise essaie la nouvelle Honda CB Four en compagnie de Guy Marchand et de Frank Alamo.

« Dans un domaine aussi passionnel que l'automobile, les voitures japonaises n'avaient pas bonne presse en France dans les années 1960. On ne voyait pas arriver ces nouvelles venues d'un bon œil : on disait qu'elles n'étaient que de pâles copies des productions américaines ou européennes, qu'elles n'étaient pas fiables, ou encore qu'il n'y avait pas de réseau pour l'entretien ou les pièces détachées. Avec la moto, d'abord, puis dans l'univers du quatre-roues, les constructeurs ont dû faire beaucoup d'efforts pour faire taire toutes ces critiques. »

Le minuscule cabriolet Honda S600 sera l'une des toutes premières voitures conçues par le constructeur japonais.

balbutiant et peu formé, ne peut satisaire. Cette donnée est encore aggravée par le coût très élevé des pièces détachées. Tous ces points négatifs vont nuire au succès du modèle, stoppant net également sa carrière aux États-Unis, où l'instauration de nouvelles normes antipollution lui briseront définitivement les ailes. Le pari n'est toutefois pas perdu pour Honda, qui, à travers sa passionnante S800, a pu dévoiler un impressionnant potentiel dans le secteur très concurrentiel qu'est l'automobile.

Toyota tisse sa toile

Du côté de Toyota, c'est dans le métier du tissage que l'on s'est initialement spécialisé, avant de se tourner vers l'automobile après un voyage aux États-Unis de Sakichi Toyoda, le fondateur du groupe, et de son fils Kiichiro. Le premier véhicule construit par la marque sera un camion, lancé fin 1935. Et, un an plus tard, la première voiture voit le jour. Cette même année 1936, décision est prise de troquer le nom de Toyoda pour Toyota. La raison? Toyoda nécessite six coups de pinceau pour être écrit, contre sept à Toyota ; six étant un chiffre maléfique au Japon, le changement s'impose.

La croissance de Toyota Motor Corporation s'annonce fulgurante, mais la guerre, et notamment le bombardement de son usine, en 1945, va mettre la marque en grand danger. Obligée de licencier massivement, la firme se restructure, tout en se dotant de moyens très modernes. Et, dans les années 1950, mettant à jour les principes du taylorisme et du fordisme, le groupe impose une méthode inédite, le fameux Toyota Production System, ou TPS, qui consiste notamment à produire en flux tendu, évitant ainsi le moindre gaspillage. L'effort de fabrication et de conception ne se relâche pas, avec la sortie, dans le courant de l'année 1951, d'un futur géant du tout-terrain, le Land Cruiser, d'abord dénommé BJ. Dérivé de la Jeep américaine, ce 4 x 4 japonais, d'une robustesse qui deviendra proverbiale, est parti pour une très longue carrière.

De nombreux voyages d'étude aux États-Unis donnent des idées aux dirigeants de la marque. Jugeant avec à-propos les voitures américaines trop élitistes et pas assez économiques, la marque décide d'exporter vers le continent américain sa berline de taille moyenne, la Crown. Après une entrée en matière délicate, le modèle va vite trouver sa clientèle. La Crown est bientôt suivie par la Corona, avant que Toyota ne dévoile en 1965 une nouvelle voiture dénommée Corolla. Ce petit coupé deux portes fait office de « microbe » face aux américaines, au minimum une fois et demi plus longues que la japonaise. Le moteur

Avec sa S800, bientôt mythique au sein de sa gamme, Honda monte en puissance.

La Honda S800 est une petite cylindrée au rendement de feu.

de 1 100 cc procure une puissance de 60 ch, ce qui s'avère tout à fait suffisant pour garantir de très bonnes performances à ce modèle léger dont la conception est tellement simple qu'elle se révèle très vite d'une redoutable fiabilité. De quoi favoriser une forte expansion de la marque vers les pays en voie de développement. Les produits robustes sont en effet un argument fort dans les contrées n'ayant pas forcément les infrastructures adéquates pour accueillir et entretenir des mécaniques sophistiquées.

De pays constructeur de voitures sous licence étrangère, comme a pu le faire Hino avec la Renault 4 CV, le Japon devient peu à peu l'un des acteurs majeurs du secteur automobile. Et Toyota innovera encore en développant très tôt des usines de production sur les lieux géographiques de ses principales zones commerciales, y implantant également ses réseaux de distribution et même ses bureaux d'études. Il ne manque alors à ce géant en devenir qu'une vraie voiture d'image.

Grands compteurs, divers manomètres et volant à trois branches : la Honda S800 joue la carte de la sportivité.

Bien que fiable, la S800 nécessitait un entretien soigné que le réseau Honda en Europe eut d'abord du mal à assurer.

En ces années 1960, celles de la liberté et de l'essence à bas prix, ce modèle ne peut être qu'une sportive et, plus précisément, une Grand Tourisme. Conscients de l'attrait que représentent le sport et la compétition pour un constructeur, les responsables de Toyota décident alors de s'attaquer à la conception d'une auto répondant à cette attente, notamment aux États-Unis. L'affaire apparaît toutefois comme un rude challenge pour les Japonais, qui n'ont aucune expérience des véhicules de ce type.

C'est par des modèles robustes que se fera d'abord connaître Toyota, et notamment avec le tout-terrain BJ, qui deviendra Land Cruiser un peu plus tard.

Des lendemains qui chanteront

Pour mener ce projet à bien, une cellule lui est spécialement dédiée. Le rival Nissan a bien envisagé de faire de même, mais il a dû finir par renoncer. Une aubaine pour Toyota, qui récupérera ainsi deux pièces maîtresses des études de Nissan : d'une part, un dessin réalisé par Albrecht Goertz, bien connu pour être l'auteur de la superbe BMW 507 ; d'autre part, un partenariat avec Yamaha. Réputé

Après la Crown et la Corona, Toyota lance son modèle Corolla en 1965.

Un grand souci de productivité a toujours habité les dirigeants de Toyota. C'est sans doute là qu'il faut chercher la clé de la réussite de ce futur géant de l'automobile.

pour les brillantes mécaniques de ses motos de compétition, le fabricant de deux-roues et de pianos va prendre en charge l'élaboration du moteur et l'assemblage de la future Toyota, qui portera le nom de 2000 GT. La motorisation choisie sera un six-cylindres en ligne de 2 litres de cylindrée, équipé d'une culasse en alliage léger abritant un double arbre à cames en tête et alimenté par trois carburateurs. Les performances sont de très haut niveau, tout comme l'ensemble des prestations de cette première japonaise sportive. Victime à sa sortie d'un déficit d'image de Toyota, ainsi que d'un tarif élevé, la 2000 GT ne se vendra guère au-delà du marché intérieur japonais, pour un très faible total de 351 unités produites. Une injustice flagrante pour une automobile aussi belle que techniquement aboutie, mais qui aura au moins démontré le savoir-faire désormais acquis des constructeurs japonais à l'aube des années 1970…

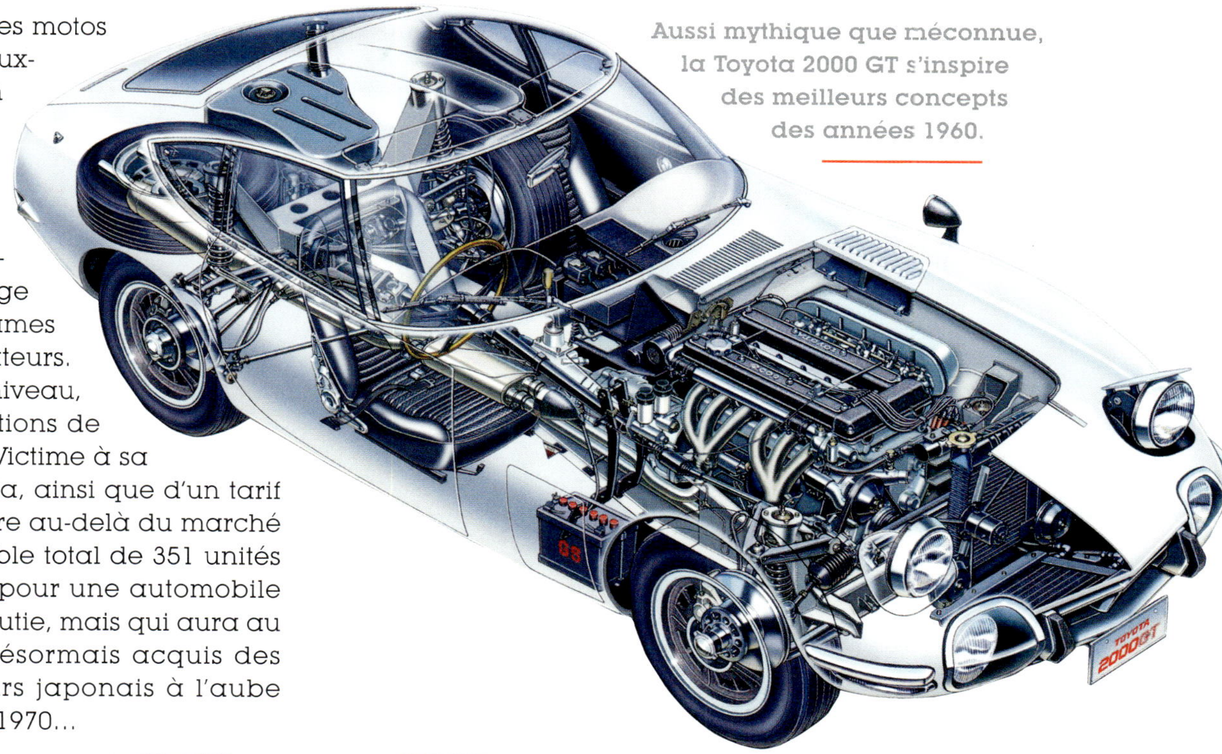

Aussi mythique que méconnue, la Toyota 2000 GT s'inspire des meilleurs concepts des années 1960.

La 2000 GT démontre tout le savoir-faire des concepteurs japonais, à présent aptes à rivaliser avec leurs homologues occidentaux.

FORD
Autolite
J. SERVOZ-GAVIN
23
DUNLOP
elf

L'attraction automobile

Si l'acquisition d'une automobile est au cœur des désirs des Français, le quatre-roues profite de son image pour se muer également en outil de communication. Objet publicitaire, star de l'écran, la voiture est omniprésente dans la société des *sixties*. Et quand, en plus, elle se fait porteuse d'émotions dans des compétitions acharnées, elle atteint une extraordinaire dimension.

Matra-Elf : un rêve en bleu, blanc, rouge qui va sortir la France du sport automobile de sa léthargie et bâtir des lendemains enchanteurs.

La communication par l'automobile

Adulée, l'automobile se pose à présent en puissant vecteur de communication. Elle entraîne dans son sillage une activité économique foisonnante, elle aussi portée par l'euphorie de cette époque des Trente Glorieuses. Liberté, sensations, réussite... la référence de l'automobile devient incontournable.

En 1962, après les verrières du Grand Palais, le Salon de l'automobile de Paris, qui est encore annuel, prend ses quartiers à la porte de Versailles, dans le quinzième arrondissement, à quelques pas des ateliers historiques du roi de la performance moteur, Amédée Gordini. Face à une demande croissante d'espace et à l'arrivée de nouveaux constructeurs en provenance du monde entier, le Parc des expositions offre ses 100 000 m² pour accueillir les derniers millésimes ou des modèles inédits. C'est l'occasion, également, de présenter dans les allées des collections thématiques, ainsi que l'offre des fabricants de caravanes et de motos, ou encore un parc de voitures de deuxième main. Passage obligé du chef de l'État, le grand rendez-vous automobile reçoit cette année-là le général de Gaulle, qui profite de ces nouveaux lieux pour instaurer un style de visite différent. C'est dorénavant en comité restreint, sans tambour ni trompette, que le président de la République se fait présenter les fleurons de l'industrie automobile, avec, bien sûr, une préférence certaine pour les entreprises nationales !

Après le Grand Palais, c'est le tout nouveau Parc des expositions de la porte de Versailles qui accueille le Salon de l'auto de Paris à partir de 1962.

Les grandes verrières ont laissé place à un bâtiment moderne qui, s'il présente un moindre charme, offre une surface supérieure pour un marché de l'automobile en pleine expansion.

Ces dernières doivent désormais rendre coup pour coup à une concurrence de plus en plus rude. De 17 000 voitures importées en 1960, soit 5 % du marché global, le volume des modèles étrangers a bondi à 100 000 en 1964. Au cœur de ces Trente Glorieuses, qui font la part belle à l'automobile, les constructeurs enrichissent sans relâche leur offre avec des gammes de plus en plus larges, pour le grand bonheur d'un public parisien toujours plus nombreux, au point de passer bientôt le cap du million de visiteurs chaque année.

Une tribune pour l'automobile

Plongé dans une civilisation de la mobilité, l'amateur de voitures peut étancher sa soif d'informations par le biais d'une presse qui se fait régulièrement l'écho de l'actualité du quatre-roues. Le pionnier de ces relais fut bien entendu *L'Auto-Vélo,* créé en 1900 sous l'impulsion du comte Jules-Albert de Dion, fondateur quelques années plus tôt de la marque d'automobiles De Dion-Bouton en compagnie de ses associés Georges Bouton et Charles Trépardoux. Rebaptisé *L'Auto* à partir de 1903, le journal sera à l'origine de l'organisation du Tour de France cycliste et donnera la couleur jaune de ses pages au fameux maillot porté par le leader de la Grande Boucle. Interdit de parution à la Libération, *L'Auto* deviendra *L'Équipe* en 1946 sous la direction de Jacques Goddet. D'abord publié trois fois par semaine, le journal passera quotidien en 1948, faisant toujours, comme le précise en sous-titre la mention « Journal du sport et de l'automobile », la part belle à l'actualité de la voiture, notamment sportive.

Autre incontournable des publications spécialisées, *L'Argus de l'automobile et des locomotions,* qui date de 1927, donnera naissance à la cote Argus, qui servira de base pour les prix du marché de l'occasion, destiné aussi bien aux professionnels qu'aux transactions entre particuliers.

Après la création de *L'Automobile* en 1946, l'année 1950 voit l'arrivée d'un futur poids lourd de la presse traitant du quatre-roues. *L'Auto-Journal* sort le 15 janvier, et l'éditorial,

Toutes les nouveautés du Salon de l'auto 1960 sont passées en revue dans ce numéro spécial de *L'Automobile*.

en une de ce premier numéro, annonce un ton nouveau : les rédacteurs entendent « donner à l'automobile l'organe de combat qui lui faisait défaut ». Jugeant la presse spécialisée trop complaisante avec les constructeurs, ce titre, fondé par Robert Hersant et Jean-Marie Balestre – futur président de la Fédération internationale de l'automobile –, se pose en franc-tireur. Pour juger les modèles en toute impartialité, les responsables iront même jusqu'à refuser pendant longtemps la publicité des marques de voitures ! Imprimé sur du papier journal, le bimensuel mettra à l'épreuve les véhicules au cours de tests aussi complets qu'impitoyables. Les essayeurs, emmenés par le journaliste André Costa, inventeront même des tests longue durée pour les nouveautés du marché, livrant parfois des conclusions lapidaires sur telle ou telle machine. *L'Auto-Journal,* à la base du futur grand groupe de presse Hersant, dont *Le Figaro* sera le fleuron, est ainsi à l'origine de quelques scoops majeurs. Dans les années 1950, les lignes futuristes de la DS de chez Citroën seront par exemple dévoilées en avant-première dans les colonnes du journal, faisant d'abord croire à un canular, tant le modèle paraissait innovant. Mais cette révélation aura surtout eu le don d'agacer prodigieusement le constructeur français, qui ira jusqu'à accuser la rédaction d'espionnage industriel. En 1969, *L'Auto-Journal* abandonne son format pour s'orienter vers une présentation plus magazine, avec une meilleure qualité de papier.

Un communicant nommé Bibendum

Si l'industrie automobile française pèse considérablement dans l'économie de l'Hexagone, elle draine également tout un secteur de fournisseurs et d'équipementiers. Parmi ces derniers, la marque Michelin fait office de pionnier avec l'invention du pneu gonflable et démontable, déposée en 1891. Outre la commercialisation de ce produit, qui va rapidement démontrer tout son intérêt face aux modèles initiaux des pneus à bandages, les frères Michelin vont encore innover en 1900 en lançant le *Guide rouge,* premier annuaire listant les meilleures adresses d'hôtels et de restaurants en France. Dès 1902, une petite carte de l'Hexagone vient compléter l'ensemble de ces informations touristiques.

L'Auto-Journal du 18 décembre 1969 met à l'épreuve les dernières réalisations des marques françaises.

Même les marchands de petits pois font appel à l'image de l'automobile pour vanter leurs produits.

Grande tradition du Tour de France cycliste, la caravane publicitaire exhibe ses engins fantastiques.

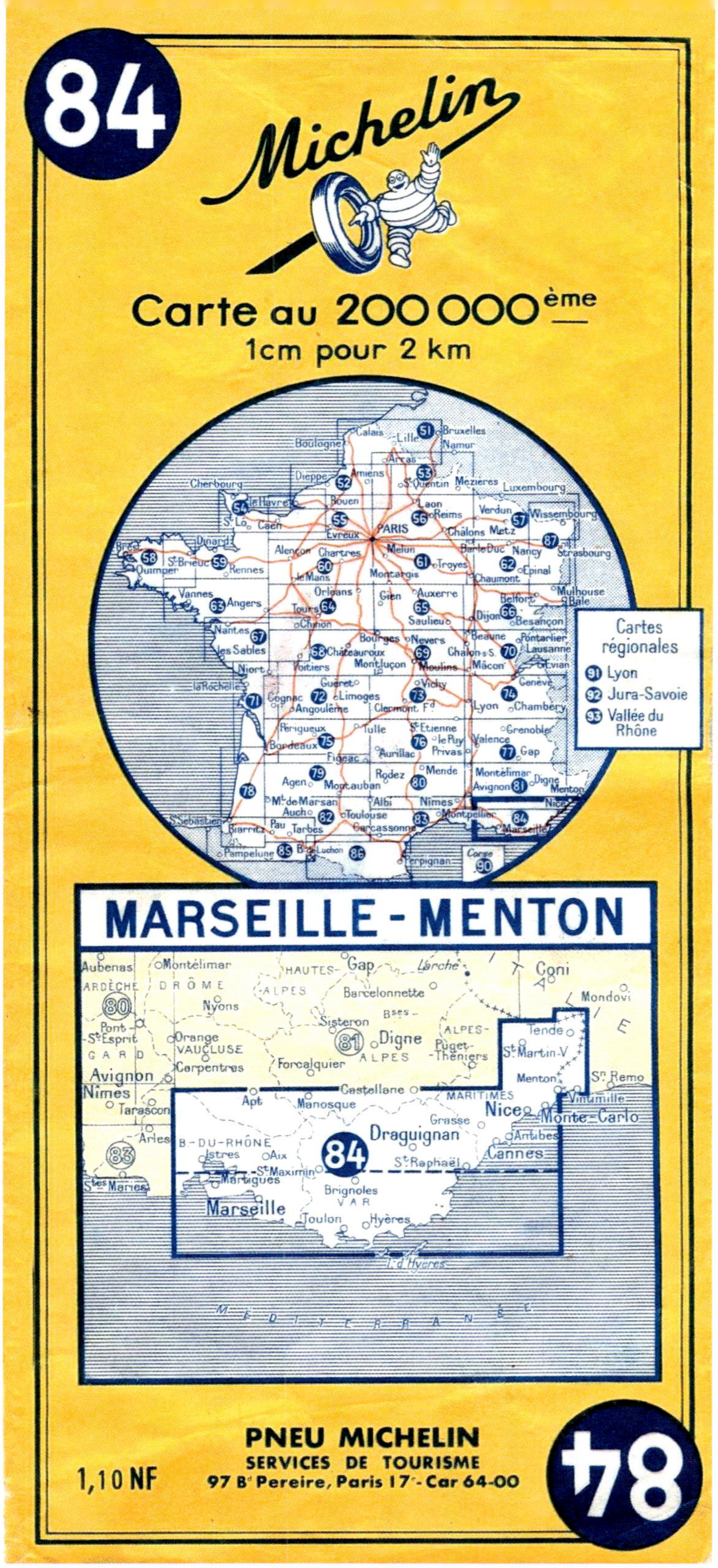

Se spécialisant dans la cartographie au début du XXe siècle, Michelin va devenir le guide fétiche des automobilistes. Et il l'est encore.

Et, à partir de 1908, cette édition de cartes routières va se développer, Michelin publiant pour la première fois un relevé précis de la Coupe Gordon-Bennet, organisée autour de Clermont-Ferrand. Les cartes à l'échelle 1/200 000 frappées du célèbre Bibendum – dont l'apparence évoluera considérablement au cours des décennies –, vont très vite devenir l'équipement indispensable de l'automobiliste soucieux de traverser sans encombre les villes et les régions de l'Hexagone.

« La vente de porte-clés, activité que j'ai exercée pendant quelques mois, fut mon premier métier. Ces objets étaient extrêmement à la mode dans les années 1960, et il n'y avait pas une marque un tant soit peu établie qui ne fît pas figurer ses couleurs sur un de ces gadgets ! On était là dans les débuts de la communication et de la promotion, et, évidemment, la voiture faisait partie intégrante de cette évolution de la publicité et du marketing. L'industrie automobile était désormais prête à produire plus et à absorber une demande supplémentaire. Les délais de livraison se réduisaient très fortement, et les constructeurs devaient trouver des arguments pour vendre toujours plus de leurs modèles. »

Sources d'informations mais aussi objets publicitaires, les produits Michelin sont parmi les premiers à illustrer le nouveau rôle de l'automobile en tant qu'outil de communication. Se développe ainsi dans les années 1960 un marché de plaques émaillées, d'autocollants ou de porte-clés – dont on compte pas moins de 65 000 références – faisant la promotion d'une firme ou d'un modèle. Ces objets mettent en exergue la nouvelle mode du design industriel, qui donnera naissance à des logos célèbres. Ces marques, ces enseignes et ces couleurs, nous les retrouverons dans un univers depuis toujours très proche de l'automobile, celui du vélo. Afin de réduire l'influence des équipes cyclistes sur le Tour de France, l'organisateur, Henri Desgrange, impose un vélo unique pour tous les participants. Et, afin de financer cet équipement, notre homme et ses collaborateurs ont la géniale idée de créer une caravane publicitaire en marge de leur fameuse épreuve. La voiture, après avoir transporté les directeurs des différentes formations et le matériel, se mue désormais en panneau publicitaire ambulant. Elle revêt ainsi parfois les formes géantes d'un produit, à la grande joie de la foule massée sur les routes et qui, outre le passage des concurrents, ne raterait pour rien au monde le spectacle de cette multitude de véhicules vantant telle ou telle marque et distribuant des cadeaux.

Alerte aux ronds rouges

Un autre acteur de l'univers des fournisseurs de l'automobile va capter l'attention en 1967. En France, l'extraction du pétrole et du gaz ainsi que son traitement sont l'œuvre de plusieurs compagnies. On retrouve parmi ces dernières des noms comme la Compagnie française des produits pétrolifères (CFPP), La Mure, Avia, Caltex ou Lacq, réunies à l'époque sous la bannière de l'Union générale des pétrole et de sa filiale, l'Union générale de distribution. Pas facile de communiquer avec autant de noms et de logos... Face à des concurrents bien organisés et armés de slogans accrocheurs, comme « C'est Shell que j'aime » ou « Mettez un tigre dans votre moteur », de la firme Esso, le groupe pétrolier français doit définir une politique de

« Mettez un tigre dans votre réservoir. » Esso communique sur le thème de la performance dans ses publicités.

communication globale pour lutter efficacement contre ces rivaux. Il est alors décidé de rassembler toutes les marques du groupe en une seule appellation. Cette dernière doit être simple, courte et facile à mémoriser. Après avoir envisagé le nom Élan, c'est finalement Elf qui est retenu, une dénomination qui n'a aucune signification précise, même si on a pu penser qu'il correspondait à Essences et lubrifiants de France. Il n'y a pas une marque sans logo en cette époque du design industriel, et c'est un trépan stylisé, cet outil servant pour le forage, qui est retenu. Décliné en bleu et rouge, et séparé au centre par une partie blanche, l'ensemble rappelle les couleurs du drapeau français. Cette création entérinée, il faut en faire la promotion : une vaste et inédite campagne de communication est lancée.

Tandis que, dans la presse, une multitude d'annonces publicitaires proclament l'arrivée prochaine de mystérieux ronds rouges qui intriguent les lecteurs, le réseau entier du groupe se mobilise. Nombre de salariés sont chargés de modifier, en une seule nuit, l'ensemble de la signalétique des différents points de vente du groupe UGD, pour les remplacer par Elf. Et, le lendemain matin, aux premières heures du 27 avril 1967, le public découvre ce tout nouveau réseau unifié, alors que la presse est convoquée pour la présentation officielle de l'entité, à laquelle les fameux ronds rouges étaient en réalité associés. Outre la décoration nouvelle de chacune des stations, la tenue des pompistes a fait l'objet d'un soin particulier : le personnel porte désormais une tenue bleue avec un nœud papillon et une casquette rouges du plus bel effet.

En plus de cette campagne de communication sans précédent, Elf veut se donner une image internationale et réfléchit à un support de communication capable de lui offrir une plus grande visibilité. C'est le sport automobile qui est choisi, avec deux axes de communication. Le premier consiste à s'associer avec une équipe ou un constructeur pour s'imposer au plus haut niveau de la compétition, que représentent le Championnat du monde de Formule 1 et les Vingt-Quatre Heures du Mans. La seconde voie réside dans la détection et le soutien de jeunes pilotes français, pour une politique de formation à même de rapporter des titres internationaux à Elf et au sport automobile tricolore. Partenaire d'écoles de pilotage, de championnats comme la Formule France ou d'écuries de course, la marque invente ainsi une nouvelle forme de sponsoring actif qui va lui permettre d'acquérir durablement une légitimité dans les sports mécaniques ainsi qu'une importante notoriété publique.

« Dès qu'une nouvelle route voit le jour, une station Total arrive au service de l'automobiliste », semble dire cette publicité du pétrolier français.

Pilote Matra, un constructeur français sponsorisé par Elf, Jean-Pierre Beltoise prête son image à la publicité d'une marque qui va très vite atteindre une grande notoriété.

L'automobile à l'écran

Difficile de trouver scénario où il n'est pas, à un moment ou à un autre, question d'automobile dans les films des années 1960. Les constructeurs raffolent de cette promotion toute trouvée, à condition cependant qu'elle n'ait pas de connotations négatives. Entre rêve, rage et effroi, la voiture se plie à tous les genres et à tous les rôles.

« Bah, maintenant, elle va marcher beaucoup moins bien, forcément ! » Cette réplique culte signée Bourvil dans le film *Le Corniaud,* sorti en 1965, reste dans les annales. Assis dans sa 2 CV disloquée, l'acteur, qui joue le rôle d'Antoine Maréchal, fait face à Louis de Funès, alias Léopold Saroyan, un truand notoire. Ce dernier vient de percuter avec sa Rolls-Royce la Citroën de Maréchal, qui a littéralement explosé dans le choc. Sous couvert de dédommagement, Saroyan propose à sa victime de lui prêter une voiture pour ses vacances. Maréchal devra toutefois convoyer ce véhicule de Naples à Bordeaux. Mais, ce qu'il ne sait pas, c'est que cette Cadillac DeVille qui lui est confiée cache dans sa carrosserie de l'or et de l'héroïne, ainsi que le plus gros diamant du monde, appelé You Koun-Koun. Ravi de ce voyage improvisé, le naïf Maréchal est suivi à son insu par Saroyan, tandis qu'une bande rivale de gangsters s'invite dans la danse, avec l'espoir de récupérer le précieux contenu de la « Cad ». Ce film burlesque tourné par Gérard Oury eut un immense succès, au point d'intéresser les maisons de production d'Hollywood, ces dernières proposant au réalisateur de tourner un remake avec les acteurs Dean Martin et Jack Lemmon. Le projet restera sans

Ballet de limousines pour la cérémonie des Oscars du cinéma américain en 1963, à Santa Monica.

L'inoubliable scène du *Corniaud*, avec Bourvil et Louis de Funès, a demandé un travail considérable pour mettre la 2 CV dans cet état !

suite, toutefois. Les Américains avaient été séduits par le comique des scènes, mais également par le scénario, inspiré d'une histoire vraie s'étant déroulée sur leur sol. En janvier 1962, le célèbre présentateur de télévision Jacques Angelvin s'était fait arrêter à New York au volant d'une Buick chargée de cinquante-deux kilos d'héroïne pure. Angelvin avait clamé son innocence, accusant son ancien ami François Saglia d'avoir installé à son insu le contenu illicite dans la voiture. Mais le présentateur fut finalement écroué et passa quatre années dans les prisons américaines, avant de retourner sur le sol français.

La magie du trucage

Cette aventure burlesque du *Corniaud* illustre la place prise par l'automobile dans cette lucarne de la société que sont devenus le grand et le petit écran. Si la voiture a toujours tenu un rôle particulier dans le cinéma, s'accordant tout à fait avec l'étymologie du mot grec *kinema* – « mouvement » –, elle est réellement partie prenante du scénario dans les films des années 1960, au point d'en être parfois le sujet central. L'automobile est également l'objet de tous les soins, avec des préparations spécifiques en vue de la réalisation de telle ou telle scène. Dans *Le Corniaud*, justement, la scène de l'accident prévoit que la 2 CV se disloque. Pour ce faire, les vis et les boulons fixant les différents éléments de carrosserie et le châssis sont remplacés par non moins de deux cent cinquante goupilles explosives. Au moment de l'impact, Bourvil n'a qu'à tirer sur le volant, qui lui reste dans les mains, ce geste actionnant au passage les goupilles. Un système de contrepoids soigneusement étudié permet également à la carrosserie de ne pas s'effondrer mais de s'ouvrir littéralement, prévenant ainsi tout risque de blessure pour l'acteur. La prise de cette scène délicate a pourtant failli échouer, car, en lançant sa phrase « Bah, maintenant elle va marcher

Dans le film *La belle Américaine*, Robert Dhéry et Colette Brosset vont découvrir la dimension sociale de l'automobile.

beaucoup moins bien, forcément ! », Bourvil a improvisé une réplique qui n'était pas prévue au scénario, et de Funès parviendra avec peine mais professionnalisme à masquer son hilarité, évitant ainsi d'avoir à remonter la 2 CV, opération nécessitant à elle seule quinze heures de travail !

Le trucage fait ainsi partie de nombreux films de l'époque. Sorti en 1960, le film *Zazie dans le métro,* adapté du roman de Raymond Queneau par le réalisateur Louis Malle, n'échappe pas à la règle. Zazie est une jeune provinciale de 12 ans venue rendre visite à son oncle Gabriel, vivant à Paris. Zazie ne rêve que d'une chose, découvrir le métro. Pas de chance, celui-ci est paralysé par une grève qui plonge la capitale dans d'inextricables bouchons. Dans un univers automobile surchargé, Zazie et son oncle rencontrent des personnages originaux, dont une certaine Madame Mouaque, coincée au volant de sa Simca 8 Sport cabriolet. Ce véhicule se retrouvera dans diverses situations comiques, dans le sens inverse du flot de la circulation ou perchée sur le toit d'une Buick. C'est pour l'occasion une réplique de la carrosserie de la Simca qui a été réalisée.

Avec *La Belle Américaine,* Robert Dhéry, quant à lui, va mettre en avant le rôle social du quatre-roues. L'expression « Dis-moi quelle voiture tu possèdes et je te dirai qui tu es » est ici tout à fait appropriée. Dans ce film de 1961, le réalisateur joue lui-même le rôle de Marcel, un ouvrier qui rêve de s'acheter un véhicule avec sa femme Paulette. Le couple tombe par hasard sur l'annonce d'une magnifique voiture américaine à vendre à un prix défiant toute concurrence. Le propriétaire est décédé, et sa veuve, plutôt que de la céder à la maîtresse-secrétaire de feu son mari – conformément au souhait du défunt –, préfère la vendre à vil prix. Marcel et Paulette deviennent ainsi propriétaires d'une fantastique Cadillac, même si le modèle n'en porte que le logo, la voiture étant en réalité une Oldsmobile de 1959 très

« Dans ces années 1960, la voiture est si populaire qu'elle devient un vrai sujet de société. Elle trouve donc naturellement sa place au cinéma, étant même parfois la vedette du film. Elle peut avoir le beau rôle ou, au contraire, relayer un contenu dramatique. Il est d'ailleurs très amusant de constater que, selon les marques et les modèles, les automobiles ont un rôle différent. Aux bandits les grosses voitures, et particulièrement les américaines, et aux comiques les voitures populaires, telle que la 2 CV. »

largement modifiée pour les besoins du film. Pour le couple, cette acquisition n'est pas sans conséquences. Que ce soit dans le voisinage ou à l'usine, l'étonnement cède la place à la jalousie, au point de faire perdre son emploi à notre héros, sa voiture étant plus belle que celle de son patron. S'ensuit une succession d'aventures rocambolesques autour de l'immense cabriolet, qui, pour mettre fin aux déboires, est transformé en une sympathique voiture de marchand de glaces, permettant à ses propriétaires de retrouver une activité professionnelle grâce à leur vedette d'automobile !

De sang et d'acier

Les années 1960 voient naître un héros célèbre qui traversera les décennies aux côtés d'une voiture qui lui restera éternellement attachée. Sujet de Sa Majesté, espion des services secrets britanniques, James Bond affiche bien des qualités et un profil de grand séducteur. Et, parmi ses nombreux charmes, sa magnifique Aston Martin DB5 n'est pas la dernière. Si elle n'apparaîtra que dans deux films, *Goldfinger* et *Operation Tonnerre*, cette voiture restera « la » voiture culte du personnage. Au début de *Goldfinger*, alors que notre homme s'inquiète auprès des services techniques du contre-espionnage britannique de ne pas voir sa Bentley MKIV, on lui explique que cette dernière a fait son temps, et qu'un nouveau véhicule est à sa disposition. Lancée sur le marché en 1964, année de la sortie du film, la magnifique Aston ira comme un gant à l'élégant James Bond, incarné dans les années 1960 par l'acteur Sean Connery. Le héros adopte cette voiture d'autant plus facilement qu'elle s'accompagne d'équipements très spéciaux concoctés par les techniciens des services secrets. L'ensemble de la surface vitrée est à l'épreuve des balles, tandis que les plaques d'immatriculation tournantes peuvent devenir en un tournemain suisses, anglaises ou françaises. Dans un univers de danger permanent, James Bond doit pouvoir se protéger et répliquer. Ce sera possible grâce à des accoudoirs spéciaux commandant écrans de fumée, nappes d'huile, écran pare-balles ou mitraillettes logées dans les ailes avant. Les sièges sont éjectables, et les moyeux arrière peuvent déchirer tous les pneus passant à

C'est dans le film *Goldfinger* que Sean Connery, alias James Bond, découvre sa splendide Aston Martin DB5 grise.

Bulldozer contre Christine. Entre l'engin de chantier et la diabolique Plymouth Fury, qui l'emportera ?

proximité. En cas de nécessité, Mr. Bond a également à sa disposition un téléphone niché dans la porte du conducteur, ainsi qu'un écran radar sur son tableau de bord, sorte de GPS avant l'heure ! Une lance à eau, à l'arrière, viendra compléter cet arsenal dans *Opération Tonnerre*. La belle Aston DB5 grise sauvera son pilote de bien périlleuses aventures, la voiture devenant au fil de l'inépuisable filmographie des James Bond la partenaire incontournable du héros de Sa Majesté.
Coéquipière idéale, l'automobile joue parfois un rôle dramatique et inquiétant sur le grand écran. C'est ainsi le cas dans le film *Christine*, tiré d'un livre de Stephen King et réalisé par John Carpenter. Si l'œuvre est sortie en 1983, le rôle principal est dévolu à un modèle des années 1960, la Plymouth Fury. La voiture a été rachetée à l'état d'épave par Arnie Cunningham, un jeune étudiant timide et complexé. L'homme va peu à peu développer une relation presque charnelle avec sa nouvelle acquisition, soigneusement remise en état, peinte en rouge et baptisée Christine. Mais cette machine s'avère vite démoniaque. Comme possédée, la Plymouth Belvedere,

Vision d'apocalypse mécanique dans *Week-end*, un film décalé signé Jean-Luc Godard.

Dans une des scènes finales du film *Le Cerveau*, Jean-Paul Belmondo et Bourvil traversent Le Havre à bord d'une Citroën ID 19 coupée en deux.

transformée en modèle Fury pour le film, n'aime pas les rivaux, et elle va éliminer de manière violente tous les intrus évoluant dans l'univers d'Arnie : petite amie ou mauvais copains subiront ainsi les foudres de la voiture, pour une œuvre qui fera date dans les réalisations du maître de l'angoisse qu'est John Carpenter.

Le réalisateur français Jean-Luc Godard s'est lui aussi attaqué au mythe de l'automobile à travers son film *Week-end,* sorti en 1967. Mireille Darc et Jean Yanne jouent là le rôle de deux amoureux qui partent voir le père de l'héroïne afin de lui faire modifier les termes de son testament à leur avantage. Mais le voyage tourne à l'horreur. Bloqué dans un bouchon monstre causé par un accident mortel, le couple va évoluer dans un univers surréaliste où cadavres, scènes morbides et carcasses de voitures se succèdent. Un univers désenchanté dans lequel l'anticonformiste Godard dénonce une société de consommation sans espoir. Ce thème sera d'ailleurs repris un an plus tard lors des événements de Mai 68.

Attrape-moi si tu oses

Si quelques films ont déjà fait appel à l'automobile pour des scènes spectaculaires, un thème va réellement se développer au cours des années 1960, celui de la poursuite en voiture. Le concept n'est pas tout à fait nouveau, car il a déjà été expérimenté dans des réalisations à caractère historique, avec des hippomobiles – diligences, carrioles ou carrosses – lancées dans de folles courses souvent interrompues par la casse d'une roue ou d'un moyeu. Durant les *sixties,* certaines chevauchées revêtent une allure

Idole des *sixties*, Steve McQueen était fou d'automobile et de compétition. Dans le film *Bullitt*, il put s'en donner à cœur joie dans les rues de San Francisco.

comique, comme dans *Le Cerveau*, de Gérard Oury, sorti en 1969. Le duo Bourvil-Belmondo, échappant à la surveillance policière, parvient à s'enfuir à bord d'une ID 19 à la poursuite d'autres truands qui, comme eux, sont à la poursuite d'un argent dérobé dans une attaque du train postal Glasgow-Londres. Ayant sauté un pont-levant au Havre, la Citroën se brise en deux à l'atterrissage, mais elle n'en continue pas moins sa route grâce aux seules roues avant. Une autre ID/DS va être mise en scène de manière cocasse et spectaculaire. Qui n'a pas en mémoire la fameuse poursuite mettant aux prises Louis de Funès, qui incarne le commissaire Juve, et Jean Marais, alias Fantômas ? La course se termine sur l'aérodrome de Dinard, dans les Côtes-d'Armor, où la DS du héros malfaisant au masque gris-bleu, pilotée par le célèbre cascadeur Gil Delamare, se transforme en avion et décolle dans les airs, la poursuite entre Juve et Fantômas continuant à bord d'un engin volant !

Plus spectaculaire encore sera la poursuite engagée dans le film *Bullitt*, tourné aux États-Unis en 1968, véritable morceau de bravoure du genre mettant aux prises Frank Bullitt – incarné par Steve McQueen – et des bandits. Le héros, un lieutenant de police, est chargé par un homme politique de protéger un gangster dont le témoignage est capital pour un procès dans lequel le politicien est impliqué. Entre fausses pistes et luttes d'influence, Bullitt doit élucider un véritable complot. Menacé de mort, il parvient, au volant de sa Mustang GT 390, à échapper à la surveillance d'une inquiétante Dodge Charger R/T. De chassé, le héros devient le chasseur, et c'est ainsi que débute l'une des plus fameuses courses-poursuites automobiles du cinéma, avec, pour décor, les vertigineuses rues de San Francisco, mais aussi les routes et les autoroutes des alentours. McQueen lui-même assure une partie de ces séquences spectaculaires, tandis que le réalisateur Peter Yates innove par des plans plongeant le spectateur au cœur de l'action. Vues embarquées et travellings n'occultent aucun dérapage, aucun contact porte contre porte des deux automobiles, lancées dans le bruit sourd – mais différent – de leurs deux gros V8 de plus de 7 litres de cylindrée. La folle chevauchée se termine mal pour la Dodge des méchants, qui finit sa course en percutant les équipements d'une station-service, causant au passage un incroyable embrasement. *Bullitt* contribua autant à la légende du passionné d'automobiles qu'était McQueen qu'à la notoriété de Ford et de sa célébrissime Mustang !

Dans *Bullitt*, le duel est équilibré entre la Mustang GT 390 et la Dodge Charger R/T. Il ne finira pas sans casse…

La course héroïque

La course automobile, qui se fait chaque jour plus professionnelle, captive les foules. Des marques se distinguent, des pilotes accèdent au statut de héros. La lutte est âpre, et les compétitions sont extrêmement serrées, avec des bolides atteignant à présent des vitesses aussi spectaculaires qu'effrayantes. Tout est en place pour une décennie de légende.

Le 20 mai 1963, une délégation américaine est présente à Modène pour parapher les derniers accords qui vont définitivement lier Ferrari à Ford. La marque au cheval cabré, en proie à des difficultés financières, a fait le premier pas, et, intéressé par ce joyau de l'automobile de course et de prestige, Henry Ford II a donné suite à cette approche. Tout semble en ordre pour un accord historique, mais Enzo Ferrari, qui souhaite garder la mainmise sur la Scuderia, son service course adoré, comprend qu'il n'aura jamais l'autonomie désirée. « Viens, Gozzi, allons dîner. » C'est par cette sentence, adressée à son conseiller juridique, que le *Commendatore* met brutalement fin aux négociations devant les hommes de loi de la Ford Motor Company, médusés devant ce soudain volte-face. Furieux et humilié, Henry Ford II n'aura dès lors de cesse d'aller combattre Ferrari sur son terrain, celui de la compétition. De cet affrontement va naître l'un des plus beaux duels de l'histoire de la course automobile.

Mais, au-delà de cette lutte terrible soigneusement préparée en coulisses, les années 1960 seront également témoins d'un certain déclin de la domination des constructeurs italiens, mis à mal par la montée en puissance de l'école anglo-saxonne.

Rendez-vous au Mans

Si Ford cherche à tout prix à en découdre, notamment sur les longues droites du circuit des Vingt-Quatre Heures du Mans – chasse gardée de Ferrari depuis 1959 –, il manque au géant américain un élément de taille : la firme n'a ni l'expérience ni la machine nécessaires pour jouer les trouble-fête dans le Championnat du monde d'endurance. Ferrari, pour sa part, semble presque invincible, que ce soit en Grand Tourisme, avec les somptueuses GTO, ou en catégorie Prototypes, avec les 330 TR et 250 P… Ford n'a alors d'autre choix que de se tourner vers l'autre patrie du sport automobile, l'Angleterre. Le constructeur de Detroit va ainsi décider de s'associer avec l'artisan anglais Lola pour fabriquer le châssis de l'« arme » de la revanche. Le

C'est en 1964 que l'offensive de Ford au Mans prend forme avec la toute nouvelle GT40, ici pilotée par Richie Ginther et Masten Gregory.

Vingt-Quatre Heures du Mans 1966 : la Ford MK II d'Andretti et Bianchi emmène une meute de prototypes, parmi lesquelles on distingue des Ferrari et une Chaparral.

projet, initié dès 1963 et signé Eric Broadley, s'avère parfaitement adapté aux ambitions américaines, d'autant que l'anglaise, fruit du hasard, est déjà équipée d'un V8 Ford monté en position centrale dans le châssis monocoque.
Superbes, les formes de la GT40 seront sculptées dans les studios Ford, à Dearborn, avec pour objectif premier une aérodynamique soignée pour fendre l'air des longues lignes droites du circuit du Mans, et notamment les fameuses Hunaudières. La première confrontation sera pour l'année 1964, mais, si la GT40 démontrera dans la Sarthe une belle pointe de vitesse, elle ne rivalisera pas longtemps, contrairement aux Cobra Daytona à moteur Ford, qui vont surclasser les Ferrari 250 GTO, mettant ainsi un peu de baume au cœur des Américains.
Le deuxième round, en 1965, montre une offensive plus précise de la part de Ford. Le président de la marque attend des résultats, et vite ! Carroll Shelby coordonne l'ensemble du programme, et de profondes modifications sont apportées à la Ford, baptisée MK II et équipée d'un nouveau moteur 7 litres développant 500 ch. Clairement plus rapides que les prototypes Ferrari 275 P et 330 P, les américaines dominent le début de la course, mais elles perdent vite leurs transmissions, fragilisées par cette débauche de puissance. Et, malgré de nombreux ennuis, la Scuderia Ferrari reste une fois encore maîtresse chez elle, au Mans.
L'année 1966 sera la bonne pour la marque à l'ovale bleu. Un gros travail de développement a été effectué sur les MK II, qui affichent 75 ch de plus que les nouvelles Ferrari 330 P3. Jusqu'au mois de juin, mois traditionnel des Vingt-Quatre Heures du Mans, les parties se sont soigneusement évitées, ne participant pas aux mêmes épreuves. Si les bolides frappés du cheval cabré s'annoncent très convaincants, la Scuderia a souffert de grèves en Italie, et seuls deux nouveaux modèles Ferrari vont pouvoir être alignés au Mans. Face à cet effectif rouge quelque peu démuni, une marée en provenance de l'Ouest déferle dans la Sarthe : huit MK II pilotées par des pointures – tels Dan Gurney, Chris Amon, Mario Andretti, Bruce McLaren, Denny Hulme ou Mark Donohue – sont engagées, appuyées par cinq GT40. L'écart des moyens déployés par les deux belligérants apparaît disproportionné, et, pour la première fois depuis bien longtemps, Ferrari ne part pas en favori. Après des essais dominés par les MK II, le départ – sans doute un signe – est donné par Henry Ford II lui-même. Le géant américain peut se permettre toutes les tactiques. Il envoie en tête quelques lièvres pour emballer la course, laissant d'autres MK II en couverture. Les Ferrari 330 P3, grâce à une consommation moindre, parviennent d'abord à répliquer et prennent même la tête de l'épreuve, mais ce feu de paille s'éteint bien avant la mi-course, avec un double

« Le sport automobile était extrêmement dangereux dans les années 1960. Le public appréciait ces courses, qui suscitaient autant d'admiration que de frayeur. Les pilotes étaient de véritables héros et, encouragés par l'engouement populaire, nombre de constructeurs se lançaient en compétition. C'était une publicité efficace, mais également à double tranchant : en cas d'échec ou d'accident, l'image d'une marque pouvait en pâtir. Mercedes en avait fait la douloureuse expérience lors du dramatique accident des Vingt-Quatre Heures du Mans 1955. »

abandon, sur un accident et sur une panne de transmission. La messe est dite, et Ford va faire franchir côte à côte ses deux voitures de tête. Étant parti de plus loin sur la grille de départ, le duo Bruce McLaren-Chris Amon sera finalement déclaré vainqueur, devant une autre MK II pilotée par Ken Miles et Denny Hulme.

La course du siècle

Victoire au Mans, titre mondial... Ford a atteint tous ses objectifs, mais Ferrari prépare sa réplique. Elle prendra les formes de la 330 P4, descendante de la P3 de 1966. Le moteur, comme toujours, va connaître une profonde évolution. L'admission à trois soupapes par cylindre, testée avec succès en Formule 1, est retenue, tandis que le bloc du V12 4 litres de la dernière venue est renforcé, augmentant ainsi sa rigidité. L'injection Lucas remplace la batterie de carburateurs pour optimiser l'alimentation du moteur, mais la technologie à deux bougies par cylindre est conservée. L'ensemble de ces adaptations permet à la 330 P4 un gain d'une trentaine de chevaux, transmis aux roues par une toute nouvelle boîte de vitesses signée Ferrari, et non plus ZF. Remarquée pour ses lignes envoûtantes, la P3 ne connaît en revanche que peu d'évolutions pour donner naissance à la benjamine.

21 juin 1966 : jour de gloire pour Ford, qui vient de s'imposer au Mans grâce à Bruce McLaren et Chris Amon.

La première épreuve du feu du nouveau prototype de Maranello a lieu dans le cadre des Vingt-Quatre Heures de Daytona. La belle rouge s'avère tout de suite redoutable, terrassant les MK II – qui apparaissent d'un coup vieillissantes – et signant un imparable triplé sur le sol de l'ennemi. C'est un véritable électrochoc pour Ford, qui va dès lors mettre les bouchées doubles pour développer sa future MK IV, qui sera prête à temps pour le Mans. Cette voiture dispose d'une nouvelle monocoque plus rigide, mais

C'est une foule innombrable qui est venue assister en 1967 à la formidable empoignade que se sont promise Ford et Ferrari.

également plus légère, et d'une mécanique dépassant les 500 ch, tandis que l'aérodynamisme de sa carrosserie est profondément remanié. Le choc attendu au Mans s'annonce aussi somptueux qu'équilibré, avec une force de frappe globalement égale pour chaque camp. Chez Ford, quatre MK IV sont épaulées par trois MK II B, tandis que Ferrari présente trois P4 et trois P3/P4 sur la grille de départ d'une épreuve que d'aucuns qualifieront de « course du siècle ». La pole position est décrochée par Ford, avec son pilote Bruce McLaren. Parties à fond sur un circuit envahi par une foule innombrable, les américaines entraînent les italiennes dans leur sillage, et le record du tour est attribué à Mario Andretti, qui culmine sur sa Ford à plus de 238 km/h de moyenne.

À ce rythme, les abandons se succèdent, trois voitures à l'ovale bleu étant éliminées en pleine nuit à la suite d'un carambolage. En tête, Dan Gurney et A. J. Foyt, au volant d'une MK IV, ne ménagent pas leur monture. Après un départ prudent, Ferrari décide de lancer ses P4 au maximum de leurs possibilités pour rattraper le terrain perdu. Ce sera peine perdue : le duo américain ne flanchera pas, signant une nouvelle victoire pour Ford devant deux Ferrari, cette fois battues avec les honneurs. Tous les records de vitesse et de distance ont été pulvérisés, avec une victoire acquise à plus de 218 km/h de moyenne. De quoi donner le vertige aux instances fédérales, qui vont dès lors mettre en place une réduction sensible de la cylindrée des moteurs.

Lotus, plus vite, plus fort

De grands constructeurs, il n'en est plus vraiment question en Formule 1 dans ces années 1960. Maserati et Lancia ont déserté les lieux, laissant la place à une cohorte d'artisans spécialistes de la course. Porsche, qui

Les vainqueurs, A. J. Foyt et Dan Gurney, n'ont pas ménagé leurs efforts lors des Vingt-Quatre Heures du Mans 1967.

Photo spectaculaire du virage de la parabolique sur le circuit de Monza, en Italie. En action, quatre vedettes de la F1 des années 1960 : Stewart, Clark, Hill et Gurney.

est encore petit, et Honda, dont la notoriété va grandissant en moto, vont tenter une expérience dans la compétition phare, mais ils finiront par renoncer, malgré un relatif succès. Le champ, dès lors, est libre pour une explication entre Ferrari et une meute d'équipes britanniques. Si la Scuderia reste une référence en termes de moteurs, les Anglais, quant à eux, se sont déjà taillé une belle réputation pour la qualité de leurs châssis. Le mouvement a été initié par John Cooper, dont les frêles monoplaces portant son nom ont imposé le moteur en position arrière à partir de 1959. Ferrari saura répliquer en 1961, exploitant parfaitement un nouveau règlement limitant la cylindrée à 1 500 cc. Mais la hiérarchie évolue vite, et l'année 1962 va être la saison du grand retour aux avant-postes des équipes de Sa Majesté. Si Cooper ne joue plus les premiers rôles, il y a BRM et, surtout, une valeur montante, le team Lotus, dont le fondateur, Colin Chapman, ingénieur de formation, s'est déjà signalé par son esprit astucieux et inventif. Ayant fait son service militaire dans la Royal Air Force au lendemain de ses études, l'homme gardera de ce passage le souci de l'aérodynamisme et de la légèreté. Dès 1948, les diverses acquisitions automobiles de Chapman reçoivent force modifications pour concourir dans de bonnes conditions, et le génial artisan ne mettra que dix ans pour accéder au sommet du sport automobile, la Formule 1. Entre-temps, il s'est imposé comme un solide constructeur d'automobiles de course et de route, avec notamment sa Seven ou son Elite.

Début 1962, il lance sa révolutionnaire 25 dans le grand bain de la F1. Équipée de la désormais traditionnelle technologie du moteur arrière, la monoplace anglaise innove sur le plan du châssis. Réfléchissant à une solution permettant de réduire le poids tout en augmentant la rigidité du châssis tubulaire de sa monoplace, Chapman va mettre au point le principe de la monocoque. En recouvrant de part et d'autre les tubes d'une peau d'aluminium rivetée qui participe elle-même à la structure de l'ensemble, l'ingénieur britannique arrive à ses fins. Compacte et très basse, la Lotus 25 impose à son pilote une position quasi allongée dans cette baignoire d'acier et d'aluminium devenue cockpit, l'obligeant à conduire bras tendus. Un style qui sied à merveille à la dernière trouvaille de Chapman, un jeune pilote écossais du nom de Jim Clark. D'évidence né pour la course automobile, ce dernier manquera d'un cheveu le titre mondial en 1962 face à Graham Hill, sur BRM. Mais ce ne sera que partie remise…

Le plus grand ?

Avec Clark, Chapman tient un talent à la hauteur de son génie technique. Doté d'un coup de volant d'une grande finesse, le jeune Écossais n'a pas son pareil pour décrire avec une précision inouïe le comportement de sa monoplace virage après virage. L'ingénieur, qui a lui aussi un peu piloté, dispose là d'importantes informations qui vont lui permettre de faire évoluer ses voitures au plus près des désirs de son poulain. Et, de 1963 à 1965, il sera extrêmement difficile de barrer la route à cet indissociable duo. Sur les trente-neuf Grands Prix organisés lors de ces trois saisons, Clark en remportera dix-huit, réalisant vingt-cinq pole positions et vingt-et-un meilleurs tours en course. De cette fantastique performance, on gardera en mémoire deux épreuves, au cours desquelles Clark et sa monoplace vert anglais à bande jaune ont littéralement assommé la concurrence : lors des Grands Prix de Belgique de 1963 et de 1965, tous deux disputés sous la pluie, l'Écossais donne une éblouissante leçon de voltige sur l'impressionnant et ultrarapide tracé de Spa-Francorchamps. La première fois, il s'impose avec pas moins de 4 minutes et 54 secondes d'avance sur Bruce McLaren ; la seconde, il enregistre des records du tour de 4 secondes plus rapides que ses plus proches rivaux !

Toujours à la recherche de nouveaux concepts, Chapman se laissera finalement rattraper par la concurrence, et

Victorieux du Grand Prix d'Angleterre 1963, Jim Clark savoure son triomphe aux côtés du concepteur des Lotus, Colin Chapman.

notamment par l'écurie Brabham, qui s'offrira le titre mondial en 1966 avant de récidiver en 1967. Mais, en coulisses, une réponse se préparait déjà, sous la forme d'une collaboration qui restera gravée dans l'histoire de la Formule 1. Le motoriste Cosworth avait dans ses projets la réalisation d'un V8 de F1, issu de l'assemblage de deux blocs de quatre cylindres Cosworth type FVA, très compétitifs en Formule 2. Chapman parviendra à convaincre Ford Angleterre – avec lequel il travaille déjà dans le cadre du fructueux programme des Ford Cortina Lotus – de financer l'élaboration de ce moteur, tandis qu'un nouveau châssis est développé pour l'occasion. Engagée dans le Grand Prix des Pays-Bas 1967, l'association Lotus 49-Ford Cosworth va vite se montrer redoutable, seul un manque de fiabilité – une constante chez Lotus – empêchant Jim Clark et Graham Hill, alors rassemblés au sein de la même écurie, de remporter le titre mondial. La victoire de Clark au GP d'Afrique du Sud 1968 laissera entrevoir un futur radieux, mais cet espoir sera brutalement brisé par l'accident mortel dont l'Écossais sera victime peu après, lors d'une épreuve de F2 en Allemagne. Reprenant le flambeau de son équipier de génie, Hill s'adjugera la couronne devant Jackie Stewart, lui aussi propulsé par un moteur Ford Cosworth, mais sur un châssis Matra de l'écurie Tyrrell.

La saison 1968 s'annonçait prometteuse, avec la victoire de Clark au Grand Prix d'Afrique du Sud. Ce sera, hélas, le dernier succès de l'Écossais, qui trouvera la mort peu après lors d'une course mineure.

Le renouveau du sport automobile français

Terre natale de l'automobile, la France semble avoir perdu ses valeurs originelles, puisées dans la course à l'innovation et à la performance. À l'heure où les podiums se parent du vert de l'Angleterre et du rouge de l'Italie, deux hommes représentant deux marques françaises relèvent le gant. Avec Alpine et Matra, une ère nouvelle s'ouvre enfin.

Les Gordini ont déserté le haut niveau du sport automobile, Jean Behra est décédé en course, et la dernière victoire de Maurice Trintignant, au Grand Prix de Monaco 1958, semble déjà lointaine. Le sport automobile français est à la recherche d'un nouveau souffle, tant en termes d'écuries de course que de pilotes. C'est pour faire renaître les espoirs de lauriers tricolores que Jean Rédélé a conçu ses Alpine et, à force d'obstination et de passion, il a convaincu la Régie Renault de l'accompagner dans son ambitieux projet. La marque au losange, qui apparaît désormais distinctement sur les berlinettes bleues, finance une partie du programme sportif de ce concessionnaire dieppois devenu constructeur d'une charmante petite bombe sur roues. Amédée Gordini développe quant à lui les moteurs, préparés avec minutie par Marc Mignotet, pour une offensive à deux étages. Parfaitement adaptée au rallye, l'Alpine A110 va progressivement monter en puissance pour se poser en rivale d'une autre reine de la route, la Porsche 911. Cette dernière dispose depuis son origine d'un moteur nettement plus gros et plus puissant que celui de la française, mais, en passant successivement du 1 100 cc au 1 300 cc, puis au 1 600 cc, la machine tricolore se dote des arguments nécessaires pour une lutte à armes égales avec l'allemande. Compensant

Les pilotes Alpine se sont distingués au Mans en 1968. Le duo Jean-Luc Thérier/ Bernard Tramont est ici rejoint sur le podium par Jean-Claude Andruet et Jean-Pierre Nicolas.

En 1969, Alpine intensifie son effort dans la classe des prototypes à moteur 3 litres. Hélas, sur les quatre voitures engagées, aucune ne finira la course.

sa cylindrée, encore modeste, par des qualités de tenue de route de très haut niveau, l'agile petit coupé va, au fil des années, se forger un palmarès exceptionnel. Après de nombreuses victoires sur les routes des rallyes français, dont un doublé au Critérium des Cévennes 1966, une grande étape est franchie en 1969 : Jean Vinatier remporte cette année-là le titre de champion de France des rallyes au volant d'une berlinette qui apparaît désormais mûre pour se distinguer sur le plan international.

Passionné de sport automobile et de pilotage, Jean Rédélé, en parallèle de la course en rallye, a très tôt engagé ses autos dans des épreuves d'endurance. Pour le dynamique patron d'Alpine, la compétition représente la meilleure des publicités, et une participation probante dans une épreuve comme les Vingt-Quatre Heures du Mans est un efficace moyen de promotion. Dès 1963, un prototype baptisé M63 est conçu. Ce modèle est construit, comme la berlinette, sur un châssis-poutre supportant à ses extrémités un ensemble tubulaire où viennent se fixer la mécanique et les suspensions. Le propulseur est le quatre-cylindres à cinq paliers de 996 cc qui équipe la Renault 8. Une victoire de catégorie aux 1 000 kilomètres du Nürburgring salue la nouvelle venue, qui échouera de peu dans l'épreuve mancelle face à une rivale française, la René Bonnet.

Avec ses M64 et M65, puis avec l'Alpine-Renault A210, le constructeur dieppois reviendra chaque année à la charge, ses prototypes bénéficiant au fil des saisons de profondes innovations au niveau du châssis, de l'aérodynamisme et des moteurs, qui s'étoffent en cylindrée. Ces évolutions seront célébrées par de nombreuses victoires de catégorie, ainsi que par des succès aux célèbres indices de performances ou énergétiques, révélant au passage de brillants pilotes, tels Jean Vinatier, Jean-Luc Thérier, Jean-Claude Andruet, Bob Wollek, Gérard Larrousse, Jean-Pierre Nicolas, Jean-Pierre Jabouille, Patrick Depailler, ou même le champion olympique de ski Jean-Claude Killy. La montée en puissance des voitures bleues se traduira à la fin de l'année 1967 par l'avènement d'un tout nouveau moteur V8 3 litres signé Amédée Gordini. Installé d'abord dans une A210 modifiée, puis dans une A220 spécifiquement construite pour lui, ce propulseur ne va malheureusement pas répondre aux attentes, tant sur le plan de la performance qu'au niveau de la fiabilité. Après bien des succès en commun, cet échec d'Alpine et de Gordini marquera la fin prématurée du 3-litres et la réorientation des programmes sportifs vers le rallye.

Un bleu dans la course

Alpine définitivement lancée sur la voie des rallyes, une autre offensive tricolore est menée sur le front de la monoplace. Ce programme ambitieux trouve son origine au hasard d'échanges commerciaux entre la Société générale d'applications plastiques (GAP) et l'un de ses clients, le constructeur automobile René Bonnet. En proie à des soucis financiers, ce dernier va convaincre Marcel Chassagny, le président de la GAP, de racheter sa marque.

Directeur de Matra et grand artisan de l'aventure automobile de ce nouveau constructeur, Jean-Luc Lagardère (à droite) discute avec ses pilotes Jean-Pierre Jaussaud (à gauche) et Henri Pescarolo.

« Travaillant à Radio-Monte-Carlo, nous étions évidemment très concernés par le célèbre rallye du Rocher, dont nous suivions le déroulement et la fameuse nuit du Turini. J'ai également suivi des éditions des Vingt-Quatre Heures du Mans, où la foule était chaque année impressionnante. Bien qu'amateur d'automobiles, je ne me suis personnellement jamais vraiment essayé à la course. En revanche, je me souviens d'une balade avec Bernard Darniche qui, tout d'un coup, m'a demandé si je savais faire un tête-à-queue au frein à main. Il a voulu me montrer ça de suite… et on s'est retrouvé nez à nez avec des gendarmes ! »

Filiale du groupe Matra (Mécanique Avion Traction), la firme dirigée par Chassagny, d'abord spécialisée dans l'aéronautique, s'est aussi développée dans le domaine de l'armement, des missiles et de la technologie électronique. Dans une époque où l'automobile a le vent en poupe, pourquoi Matra ne se lancerait-elle pas dans la construction de voitures? Reprenant à son compte les projets de René Bonnet et sa Djet à carrosserie en fibre, la nouvelle entité Matra-Bonnet, qui deviendra Matra-Sports quelques années plus tard, investit ce nouveau marché. Chassagny et son associé Sylvain Floirat vont confier les rênes de cette nouvelle aventure à un jeune ingénieur qui a déjà gravi de nombreux échelons dans le groupe, Jean-Luc Lagardère. Prenant exemple sur le rival Alpine, dont la notoriété s'appuie sur une présence intensive en compétition, Matra décide à son tour d'investir l'univers de la course, profitant des technologies maîtrisées par le groupe dans le domaine de l'aéronautique et du calcul informatique. Un recrutement parmi quelques grands spécialistes de l'automobile viendra renforcer une équipe dont l'ambition est grande, malgré l'absence de passé sportif. La direction des études est confiée à Philippe Guédon, un transfuge de chez Simca. Ce dernier est rejoint par les ingénieurs Jacques Hubert et Paul Carillo, tandis que la gestion sportive échoue à Claude Le Guezec. Quelques mois seulement se sont écoulés depuis la décision d'engager Matra en course automobile, et, déjà, la pression s'accentue. La toute première monoplace, une Formule 3 baptisée MS1, ne répond pas aux attentes. Elle bénéficie pourtant d'une technologie très avancée, avec une monocoque dédoublée. Contrairement aux standards de l'époque, cette machine intègre dans ses flancs des emplacements pour l'essence, en lieu et place des traditionnels réservoirs souples. Ainsi cloisonnée, la coque offre une rigidité exceptionnelle, gage d'une très grande efficacité. Mais le bolide souffre malheureusement de quelques problèmes de jeunesse, et, après trois courses seulement, la direction signifie que le prochain rendez-vous de Reims pourrait bien être le dernier de cette jeune aventure…

La flamme est rallumée

Tout juste remis d'un très grave accident, survenu un an plus tôt sur ce même circuit de Reims-Gueux, l'ancien champion motocycliste Jean-Pierre Beltoise porte les espoirs de Matra, aux côtés de Jean-Pierre Jaussaud. Beltoise suscite l'admiration de tous, car la

Jean-Pierre Beltoise (à gauche) sera le fer de lance de Matra, aux côtés du rapide mais fantasque Johnny Servoz-Gavin. À droite, l'ingénieur Gérard Ducarouge.

Sur sa Matra MS1 de F3, Beltoise mène le peloton pour s'imposer dans une course internationale disputée à Reims en 1965. Le sport auto français a trouvé sa locomotive !

gravité de ses blessures a obligé les chirurgiens à bloquer l'articulation de l'un de ses coudes. À la demande du pilote, les médecins ont opté pour une position légèrement fléchie, avec un angle permettant au Français de tenir correctement le volant d'une automobile ! Qualifié en troisième ligne, Beltoise parvient à accrocher le wagon de tête, avant d'être percuté par un concurrent quelques tours plus tard. Malgré un passage sur le bas-côté, le Francilien parvient tout de même à rejoindre les leaders Piers Courage et John Fenning au prix d'un incroyable forcing, ponctué par un record du tour. Représentant schématiquement un triangle, le tracé du circuit de Reims fait la part belle au phénomène d'aspiration. Aussi, il est de coutume de dire qu'il faut veiller à ne pas virer en tête à l'ultime virage de Thillois, sous peine de se voir irrémédiablement dépasser sur la ligne d'arrivée, 1 500 mètres plus loin. Chacun attend donc son heure, mais, en vue de Thillois, le trio de tête rattrape un concurrent attardé. Plutôt que de couper son élan, Beltoise profite de l'aspiration de ce pilote et sort le premier du dernier virage. Bien joué, mais Piers Courage a réussi à s'infiltrer. Il est trop tard pour temporiser, et la Matra bleu et blanc frappée du numéro 25 n'a d'autre solution que de lâcher tous ses chevaux. Courage comble son retard et déboîte, mais il est trop tard… Beltoise vient de décrocher la victoire historique d'un pilote et d'une marque français dans une compétition internationale, et ce succès va être le déclencheur du plus ambitieux projet qu'ait jamais connu le sport automobile tricolore, ainsi que le confirmera Jean-Luc Lagardère : « Ce jour-là, nous avons décidé d'aller jusqu'au bout. À Reims, nous avons passé le point de non-retour. »

En ce mois de juillet 1965, le triomphe de Beltoise et de Matra agit comme un détonateur pour les amateurs de sport automobile en France. Les actions entreprises depuis peu prennent tout d'un coup un nouvel essor C'est le cas de l'école de pilotage Winfield, inspirée du modèle anglais de Jim Russel. Ce projet permet de former de jeunes talents sur des monoplaces de course, et, au terme de chaque année, le meilleur pilote se voit offrir un soutien financier à l'issue d'une finale chronométrée. Fin 1963, Jean-Pierre Jaussaud fut le premier à se distinguer pour décrocher le fameux Volant Shell tant convoité. Il sera suivi notamment par un certain François Cevert, lauréat trois ans plus tard. Dans cette même période, le magazine *Sport Auto* et la radio Europe n° 1 lancent la Coupe des provinces, une

Créée en 1966, la Coupe Gordini, formule monotype par excellence, est un vivier de talents et rencontre un succès sans précédent.

L'offensive Matra se précise en 1968, avec trois monoplaces bleues pilotées par Stewart, Servoz-Gavin et Beltoise.

compétition où chaque pilote dispose de la même machine, une Lotus Seven. Puis, au début de l'année 1966, Renault adaptera cette même recette avec sa célèbre Coupe de France Gordini. Cette dernière mobilisera instantanément toute une flopée de champions en herbe, pour devenir une rampe de lancement pour des techniciens ou des pilotes désireux de confronter leur talent dans des championnats à coûts raisonnables.

Le jour de gloire

Un foisonnement soudain anime ainsi la famille du sport automobile français, qui va voir le nombre de licenciés et d'épreuves organisées exploser partout dans l'Hexagone. Portée par cet élan, Matra-Sport intensifie encore son offensive : après la Formule 3, la firme s'attaque à la F2, tandis que des pilotes comme Henri Pescarolo ou Johnny Servoz-Gavin intègrent ses rangs. Soucieux d'acquérir l'expérience qui manque à sa jeune équipe, Jean-Luc Lagardère va passer un accord avec un spécialiste reconnu dans l'univers de la course, l'Anglais Ken Tyrrell. Marchand de bois de son état, l'homme a la réputation d'être un découvreur de talents. Sa dernière trouvaille est le jeune pilote écossais Jackie Stewart, à qui est confié l'essai du prototype de F2 sur lequel planche Matra. Le projet reprend une technique de fabrication identique à celle de la F3, avec une coque nettement plus rigide que tout ce qui se fait chez les concurrents. Conquis par les qualités de la monoplace, Tyrrell et Stewart signent en faveur de l'entité Matra International en 1966, accompagnés par le tout jeune pilote belge Jacky Ickx. L'équipe officielle Matra-Sports se lance quant à elle en F2, avec Jean-Pierre Beltoise – fraîchement auréolé de son titre de champion de France de F3 – et l'expérimenté Jo Schlesser. Après une année de rodage ponctuée de places d'honneur, les Matra F2 remportent le titre européen dès 1967. Et, après seulement trois saisons de compétition, les machines françaises parviennent même à dépasser les références britanniques.

Mais Jean-Luc Lagardère n'a pas attendu ces succès éclatants pour aller au bout de son rêve en bleu. Ayant fait la connaissance de Jean Prada, président de l'Union générale de distribution, l'imaginatif dirigeant lui a proposé de s'associer avec son écurie. UGD s'apprêtait alors à fusionner l'ensemble de ses sociétés sous une seule appellation et cherchait justement un moyen de faire connaître rapidement son nouveau nom de baptême. Bonne idée, donc, d'autant qu'un engagement dans la course automobile de haut niveau pourrait permettre à Elf, une filiale du groupe, de développer de nouvelles technologies de carburant et de lubrifiants. La signature de ce partenariat historique va permettre à l'écurie française de lever les derniers doutes quant à son implication en Formule 1. Après la F2, le constructeur tricolore annonce pour l'année 1968 son arrivée dans la catégorie reine. Avec un châssis de sa conception, évidemment, mais aussi, ô surprise, une mécanique à cent pour cent Matra, un V12 confié à l'ingénieur Georges

Constructeur de châssis et motoriste, avec son propre V12, Matra-Sports aura relevé tous les défis à la fin des années 1960.

En 1969, au volant de sa Matra MS80-Ford, l'Écossais Jackie Stewart se révélera intouchable.

Martin. D'un autre côté, Tyrrell parviendra à convaincre Lagardère de lui confier son châssis de F1 pour le propulser par un moteur V8 Cosworth. Les premiers tours de roue annoncent des performances prometteuses. Hélas, Jackie Stewart, blessé, manque les deux premières courses de la saison, avant de se voir ravir de peu la première place du Grand Prix de Belgique. Mais le succès paraît inéluctable, et, si l'équipe Matra-Elf ira bien décrocher la couronne mondiale, elle signera également un joli doublé, Stewart terminant devant Beltoise, lui aussi propulsé par le V12 maison. Ce triomphe est salué par le quotidien *L'Équipe,* qui titre : « Le jour de gloire est arrivé. » À cause de son poids élevé et de sa forte consommation, le moteur ne confirmera malheureusement pas tous les espoirs placés en lui, mais Matra remportera le Championnat du monde de F1 avec son châssis MS80, conduit de main de maître par Stewart et propulsé par un moteur Ford Cosworth. En cinq ans à peine, quelle formidable passion surent soulever les fameux hommes en bleu…

Après une bataille échevelée sur le vertigineux circuit de Charade, Beltoise et Ickx rejoignent sur le podium Stewart, vainqueur du GP de France 1969.

Index

Les numéros de pages en romain renvoient aux noms cités dans le texte courant : ceux en italique renvoient aux occurrences dans les légendes.

A

B

C

D

I

J

K

L

M

N

O

P